예의 있고 똑 부러지는 말투 쓰기

사이토 다카시 지음
양선하 옮김

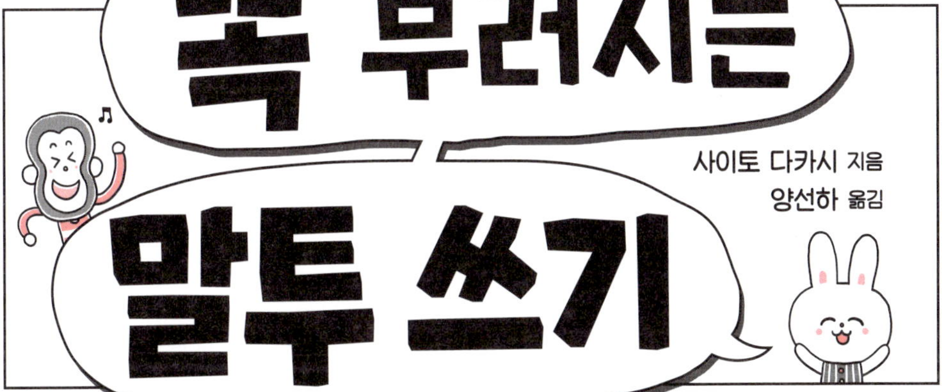

국민서관

들어가는 말

친구가 툭 던진 말에 상처받거나, 반대로 내가 별 뜻 없이 건넨 말 한마디로 친구를 슬프게 했던 적이 있니? 다투려고 한 건 아니었는데 다투게 된 적이 있었을 수도 있어. 말투 때문에 생기는 문제는 자기가 보고 느낀 것을 있는 그대로 말해서 일어나는 경우가 많아.

이렇게 말하면, "솔직하게 말하면 안 돼?"라고 생각할지도 몰라. 하지만 말하는 방법을 조금만 신경 쓰면, 다시 말해 좋은 말투를 잘 배워 두면 서로 기분 좋은 소통을 할 수 있단다.

실은 선생님도 어릴 적에는 생각나는 대로 그냥 말하곤 했어. 그런 탓에 주위 사람에게 상처를 주기도 했지. 그러다 깨달았어.

"맞는 말이라도 상황에 따라 말해야 하는구나!"

"내가 옳다고 생각하는 것도 다른 사람이 볼 땐 틀린 것일지도 몰라."

'말투'가 중요하다는 것을 알게 된 거야.

뭔가를 보고 "이거다!" 하는 생각이 들어도 입으로 말을 꺼내기 전에 어떻게 말하면 좋을지 생각해 보면서 말하는 법을 연습해 보자. 그럼 자연스레 상대방과 대화를 잘하는 방법을 익히게 될 거야.

다양하게 표현하기, 입장을 바꿔 생각하고 말하기를 잘 배워 주위 사람들과 멋진 관계를 만들어 보자!

사이토 다카시

차례

들어가는 말　　2
이렇게 읽어요!　14

1장

절대로 쓰면 안 되는 말!
나쁜 말투 알아보기　20

부정하는 말로 실수를 콕 집어 지적하지 않았나?　22
실수한 친구에게 탓하는 말을 하지 않았나?　24
친구가 싫어하는 말로 평가하지 않았나?　26
짜증 내는 말투는 친구의 마음을 멀어지게 해　28
겉모습이 다르다고 놀리는 말을 하면 안 돼　30
상대방을 위한 말이라도 다그치는 말로는 진심이 전해지지 않아　32

부탁하는 말은 상대방의 입장도 헤아리며 하기	34
강요하는 말로는 내 생각이 전해지지 않아	36
이해 안 된다는 말로 상대방의 취향을 부정하면 안 돼	38
거절하는 말로는 어떤 마음도 전할 수 없어	40
어떻게 하면 나쁜 말투를 쓰지 않을 수 있을까?	42

2장
날마다 대화가 즐거워져!
의사소통 능력을 키우는 대화법 ... 46

같이 놀자는 걸 거절했더니 친구가 화를 냈다	48
바꿔 말하기 연습① 이유를 설명하자!	50
바꿔 말하기 연습② 다른 제안을 하자!	51
바꿔 말하기 도전!	52

느낀 대로 솔직하게 말했더니 서운해했다   54
바꿔 말하기 연습① 마음을 전하자!   56
바꿔 말하기 연습② 포인트를 물어보자!   57
바꿔 말하기 도전!   58

머리 모양을 바꾼 친구에게 바꾸기 전이 더 좋다고 말했다   60
바꿔 말하기 연습① 바꾸기 전과 후를 비교하지 않기!   62
바꿔 말하기 연습② 긍정적으로 평가하자!   63
바꿔 말하기 도전!   64

친구가 좋아하는 아이돌, 어디가 멋있다는 건지 몰랐다   66
바꿔 말하기 연습① 관심이 있음을 표현하자!   68
바꿔 말하기 연습② 상대방의 마음을 받아들이자!   69
바꿔 말하기 도전!   70

"별로 재미없었어." 하며 빌린 만화책을 돌려줬다   72
바꿔 말하기 연습① 상대방의 생각에 맞장구치자!   74
바꿔 말하기 연습② 고맙다는 말을 꼭 덧붙이자!   75
바꿔 말하기 도전!   76

친구의 실수를 무심하게 지적했다   78
바꿔 말하기 연습① 걱정하는 마음을 전하자!   80
바꿔 말하기 연습② "진정해."라고 말하자!   81
바꿔 말하기 도전!   82

부탁을 거절해서 친구를 실망시켰다   84
바꿔 말하기 연습① 내 상황을 설명하자!   86
바꿔 말하기 연습② 다른 해결 방법을 같이 말하자!   87
바꿔 말하기 도전!   88

동의를 구하는 친구에게 공감할 수 없어서 난처했다   90
바꿔 말하기 연습① 자신의 의견을 말하자!   92
바꿔 말하기 연습② 새로운 화제를 꺼내자!   93
바꿔 말하기 도전!   94

부모님의 걱정을 냉정하게 뿌리쳤다   96
바꿔 말하기 연습① 마음 써 줌에 감사하자!   98
바꿔 말하기 연습② 상대방을 안심시키자!   99
바꿔 말하기 도전!   100

친구의 낡은 신발을 안 좋게 말해 버렸다   102
바꿔 말하기 연습① 관점을 바꿔 보자!   104
바꿔 말하기 연습② "혹시"라고 말하자!   105
바꿔 말하기 도전!   106

3장

긍정적으로 바라보는 태도를 익히자!
칭찬할 점 찾기 연습   108

친구의 패션 센스를 칭찬하자!   110
인상을 바꾼 헤어스타일을 칭찬하자!   114
친구가 잘하는 것을 칭찬하자!   118
서로 다르다는 것을 받아들이자!   122
친구의 경험이나 도전을 칭찬하자!   126
착한 마음씨를 칭찬하자!   130
친구의 따뜻한 마음씨를 고마운 마음을 담아 칭찬하자!   134
당연하게 여기지 말고 착한 행동을 찾아서 칭찬하자!   138
부모님이 대단하다고 느껴지는 점을 칭찬해 드리자!   142
스스로를 칭찬하자!   146

칭찬이 필요한 여러 상황에서
유용하게 쓸 수 있는 표현을 배워 보자!   150

4장

서로 존중하자!

속마음을 전하는 방법   152

마음을 상하지 않게 거절하고 싶을 때   154

틀린 걸 알려 주고 싶을 때   156

"위험해! 안 돼!"라고 주의를 주고 싶을 때   158

내가 싫어하는 행동을 멈춰 달라고 말하고 싶을 때   160

어떤 행동을 해 달라고 부탁하고 싶을 때   162

자주 부탁받는 일을 이번에는 거절하고 싶을 때   164

지금보다 더 사이좋게 지내고 싶을 때   166

내가 무서워한다는 걸 알아주길 바랄 때   168

다른 사람의 말도 들어 주기를 바랄 때   170

걱정이나 고민을 털어놓고 싶을 때   172

불안한 마음을 알아주길 바랄 때	174
상대방을 걱정하고 있음을 전하고 싶을 때	176
정답을 알려 주고 싶을 때	178
기쁨을 함께 나누고 싶을 때	180
속상한 마음이 들었을 때	182
리더로서 모두에게 협조를 구하고 싶을 때	184
어르신께 자리를 양보하고 싶을 때	186
긴급한 상황으로 어른의 도움이 필요할 때	188
화해하고 싶은 마음을 전하고 싶을 때	190
불안한 마음을 놀리지 말라고 말하고 싶을 때	192

5장

이럴 때는 어떻게 하지?
다툼을 피하는 말투 194

온라인에서 하는 말은 오해를 불러일으키기 쉬워 196
문자 메시지에 답장을 보냈더니 "화났어?"라고 물어 왔다 198
단체 대화방에서 대화 내용을 놓쳤다 199
SNS에서 화제가 된 글에 댓글을 달았다가 오해받았다 200
온라인 게임을 하다가 친구에게 심한 말을 했다 201

친구의 초대를 거절하고 싶을 때 202
친구에게 "나 싫어하니?"라는 말을 들었다 204
자신이 없어서 거절했더니 건방지다는 말을 들었다 205
모두 신나서 들떠 있는데 나는 내키지 않아 빠진다고 했다 206
하면 안 되는 일 같아서 "절대로 안 해!" 하고 거절했다 207

모두 의견이 달라서 결론이 나지 않는다	208
반장을 뽑아야 하는데 후보자가 없다	210
다 함께 놀 날을 정해야 하는데 좀처럼 일정을 맞추기 힘들다	211
역할 분담이 제대로 이루어지지 않는다	212
가장 좋은 아이디어는 어떻게 고르면 좋을까?	213

어른과 대화할 때 주의할 점은?	214
용돈을 더 달라고 했다가 거절당했다	216
생각했던 것과 달라 실례되는 반응을 했다	217
친구네 가족과 약속한 계획을 바꾸고 싶지만 말하기 어렵다	218
가족들의 따뜻함에 고맙다고 말하고 싶지만 쑥스럽다	219

하지 말아야 할 말을 해 버렸는데 어떡하지?	220
선을 넘는 말을 해 버렸을 땐 어떻게 하면 좋을까?	222

마지막으로
선생님의 한마디 223

이렇게 읽어요!

같이 말투를 배울 친구들을 소개할게! 원숭이와 토끼, 두 친구와 함께 이럴 때는 어떻게 말하면 좋을지 생각하며 좋은 말투를 익혀 보자!

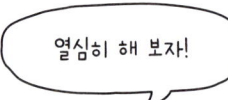

열심히 해 보자!

표현력을 높여 줄 다섯 가지 비법

이 책은 5장으로 되어 있어.
각 장마다 어떻게 읽으면 좋은지 알려 줄게.

1장
절대로 쓰면 안 되는 말!
나쁜 말투 알아보기

2장
날마다 대화가 즐거워져!
의사소통 능력을 키우는 대화법

3장
긍정적으로 바라보는 태도를 익히자!
칭찬할 점 찾기 연습

4장
서로 존중하자!
속마음을 전하는 방법

5장
이럴 때는 어떻게 하지?
다툼을 피하는 말투

1장

상대방에게 상처를 주는 '나쁜 말투'를 쓰고 있지 않은지 살펴보고, 어떻게 말하면 좋은지 상대방의 입장이 되어 생각해 보자.

주제
여기서 다루고자 하는 중요 내용을 보여 줘.

갈등 상황
다양한 동물 친구들이 등장할 거야. 동물 친구들이 겪는 일 중 비슷한 경험이 있었는지 떠올려 봐.

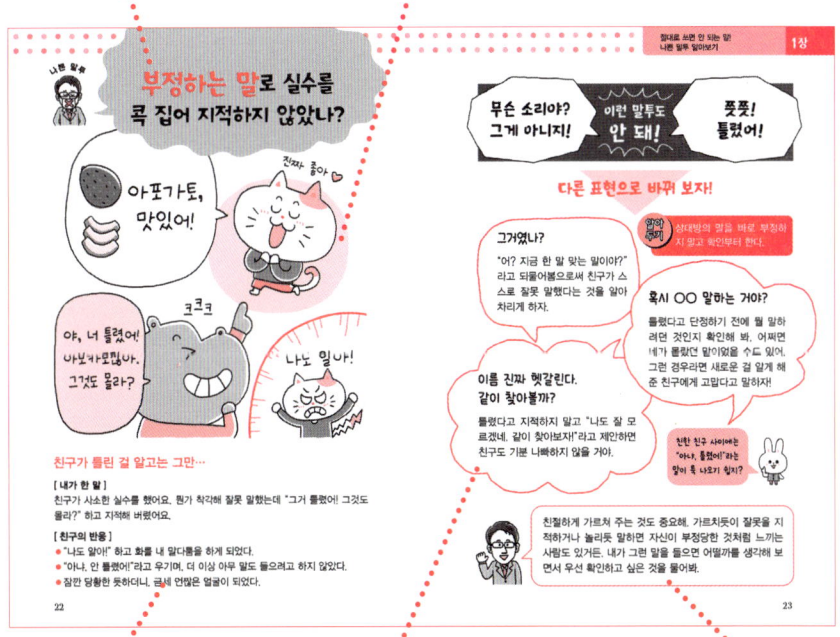

상황 설명
동물 친구들이 각자 왜 그런 말을 했는지, 그 말을 들었을 때 어떤 기분이었을지 생각해 보자.

바꿔 말하기 예
바꿔 말할 수 있는 표현을 알려 줘. 이밖에도 다른 좋은 표현이 있는지 각자 생각해 보자.

설명
나쁜 말투로 말하면 상대방에게 어떻게 전달되는지 알려 줘.

15

이렇게 읽어요!

2장에서는 한 가지 주제를 세 단계로 살펴볼 거야. 다음과 같이 구성되어 있으니 순서에 따라 연습해 봐.

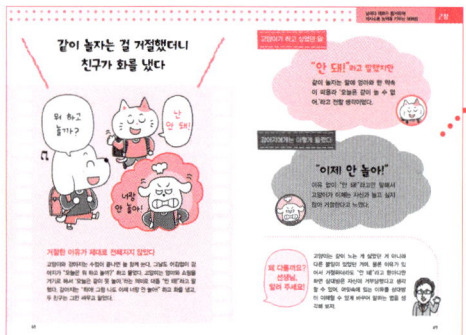

①바꿔 말하기 상황과 설명

1장처럼 그림을 보면서 서로의 기분이나 마음을 전하는 방법을 살펴봐.

②바꿔 말하기 연습

위쪽에서는 바꿔 말하기 예를, 아래쪽에서는 바꿔 말하기 요령을 알려 줘.

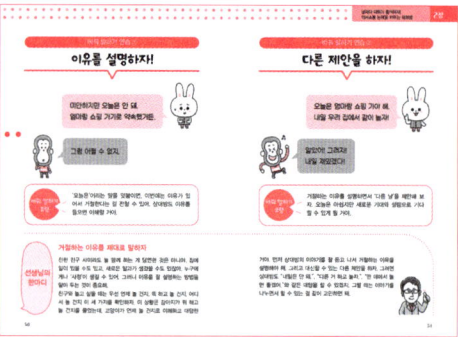

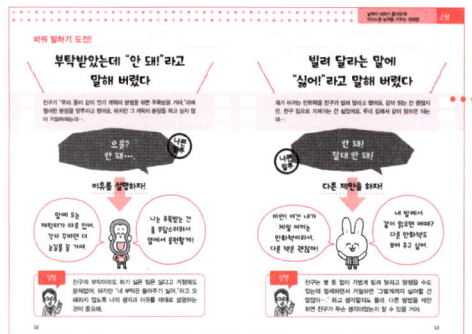

③여러 상황을 통한 바꿔 말하기 연습

바꿔 말하는 요령을 알았으니 여러 상황에서 어떻게 바꿔 말해야 하는지 연습해 보자.

3장

바꿔 말하는 능력을 높이기 위해서는 상대방의 장점을 찾아내는 시각이 중요해. 칭찬할 점을 찾는 요령을 익혀서 친구나 가족을 듬뿍 칭찬해 보자!

① 칭찬할 점 찾는 방법과 칭찬하는 방법

먼저 그림을 보면서 상대방에게 어떤 장점을 찾을 수 있는지 살펴봐. 칭찬할 점을 찾고 칭찬하는 방법을 익히면 어느 상황에서나 응용할 수 있어.

② 여러 가지 칭찬하는 표현

위쪽에 나온 상황을 읽고 어떤 점을 칭찬해야 하는지 생각해 봐. 그리고 아래쪽에 나오는 여러 칭찬 표현과 선생님의 설명을 읽어 보자.

17

이렇게 읽어요!

 **4장**
내 생각을 말했을 뿐인데 상대방이 마음을 다치기도 하고, 반대로 하고 싶은 말을 할 수 없어서 답답할 때도 있지. 서로 존중하며 대화할 수 있는 좋은 말투를 알아보자.

주제
그림 속 동물 친구들이 어떻게 말할까 고민되는 상황을 알려 줘.

상황
그림을 보면서 어떤 상황인지 상상해 보자.

말하기 요령
상황을 바라보는 관점을 바꾸기만 해도 말투가 달라져. 어떻게 하면 서로의 기분을 존중하면서 자신의 의견이나 생각을 전할 수 있을지 생각해 보자.

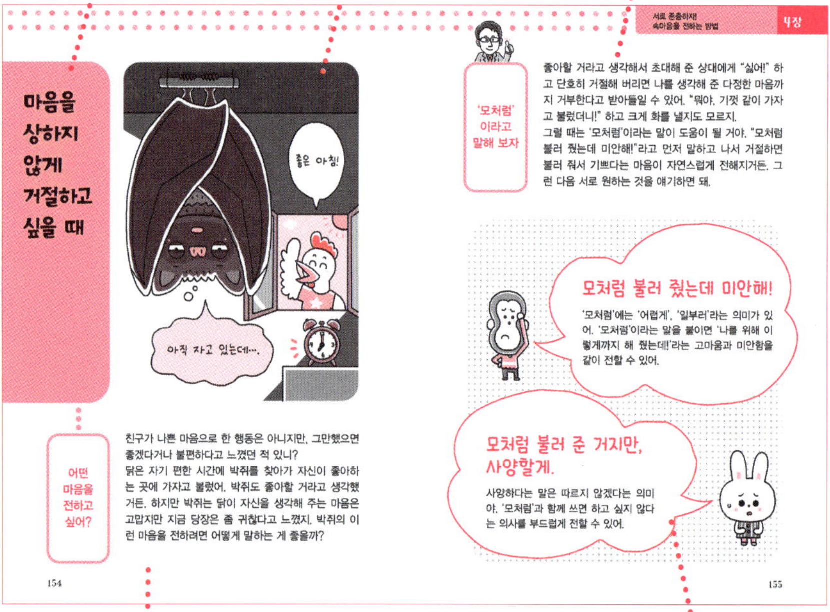

전하고 싶었던 속마음
바꿔 말하기를 잘하기 위해서는 '진짜 전하고 싶은 속마음'이 무엇인지 확인하는 것이 중요해.

바꿔 말하기 예와 설명
바꿔 말하면 좋은 표현을 소개했어. 설명과 함께 읽으면 그 표현에 상대방을 배려하는 마음이 어떻게 담겨 있는지 알 수 있을 거야.

5장

앞으로 인간관계는 더욱 넓어지고, 인터넷을 통해 주고받는 대화도 많아질 거야. 갈등을 피하는 지혜로운 대화 방법을 익혀서 여러 사람과 좋은 관계를 이루어 가자!

① 바꿔 말하기가 필요한 상황과 설명

그림과 같은 상황에서는 어떻게 말해야 갈등을 피할 수 있을까? 바꿔 말하기 예와 설명을 읽고 생각해 보자.

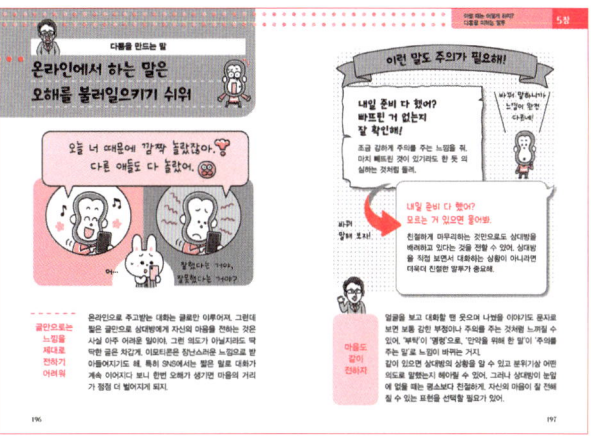

② 바꿔 말하기 연습

앞에서 바꿔 말하기 요령을 익혔으면 여러 상황에서 바꿔 말하기에 도전해 보자. 여기에 나온 것도 잘할 수 있으면 너도 이제 바꿔 말하기의 달인!

1장

절대로 쓰면 안 되는 말!
나쁜 말투 알아보기

무심코 던진 말 한마디에 친구와 사이가 나빠질 수도 있어. 친구가 내 말을 어떻게 생각할지, 왜 그런 말을 쓰면 안 되는지, 내가 한 말이 '나쁜 말투인 이유'를 알아보자.

선생님, 여기서는 뭘 배워요?

나쁜 말투는 친한 친구에게도 쓰면 안 돼. 나쁜 말투를 쓰면 상대방의 기분을 상하게 하거나 슬프게 만들어 인간관계를 망가뜨릴 수 있거든. 여기서 나쁜 말투를 다른 말로 바꿔 말하기를 배워 보자.

앗! 그동안 나도 모르게 나쁜 말투를 쓰지 않았을까…. 괜찮을까?

친구가 틀린 걸 알고는 그만…

[내가 한 말]
친구가 사소한 실수를 했어요. 뭔가 착각해 잘못 말했는데 "그거 틀렸어! 그것도 몰라?" 하고 지적해 버렸어요.

[친구의 반응]
- "나도 알아!" 하고 화를 내 말다툼을 하게 되었다.
- "아냐, 안 틀렸어!"라고 우기며, 더 이상 아무 말도 들으려고 하지 않았다.
- 잠깐 당황한 듯하더니, 금세 언짢은 얼굴이 되었다.

절대로 쓰면 안 되는 말!
나쁜 말투 알아보기

1장

무슨 소리야? 그게 아니지! / 이런 말투도 안 돼! / 쯧쯧! 틀렸어!

다른 표현으로 바꿔 보자!

알아두기 상대방의 말을 바로 부정하지 말고 확인부터 한다.

그거였나?
"어? 지금 한 말 맞는 말이야?"라고 되물어봄으로써 친구가 스스로 잘못 말했다는 것을 알아차리게 하자.

혹시 ○○ 말하는 거야?
틀렸다고 단정하기 전에 뭘 말하려던 것인지 확인해 봐. 어쩌면 네가 몰랐던 말이었을 수도 있어. 그런 경우라면 새로운 걸 알게 해 준 친구에게 고맙다고 말하자!

이름 진짜 헷갈린다. 같이 찾아볼까?
틀렸다고 지적하지 말고 "나도 잘 모르겠네. 같이 찾아보자!"라고 제안하면 친구도 기분 나빠하지 않을 거야.

친한 친구 사이에는 "아냐, 틀렸어!"라는 말이 툭 나오기 쉽지?

친절하게 가르쳐 주는 것도 중요해. 가르치듯이 잘못을 지적하거나 놀리듯 말하면 자신이 부정당한 것처럼 느끼는 사람도 있거든. 내가 그런 말을 들으면 어떨까를 생각해 보면서 우선 확인하고 싶은 것을 물어봐.

23

 나쁜 말투

실수한 친구에게 **탓하는 말을** 하지 않았나?

제발! 제대로 좀 해!

휴, 재미없어….

잘할 수 있을 거라고 믿어서 그랬어요

[내가 한 말]

친구가 같이 운동하다 실수를 했어요. 모두가 경기에 집중하는 상황에서 실수를 해 짜증이 났어요. "제발! 제대로 좀 해!" 하고 친구 탓을 했어요.

[친구의 반응]
- "됐어! 이딴 거 재미없어!"라며 의욕이 없어졌다.
- "미안해."라고 말한 뒤 시무룩해져서 입을 꾹 다물었다.
- "그만해! 나도 알고 있으니까!" 하고 말했지만, 같은 실수를 되풀이했다.

절대로 쓰면 안 되는 말!
나쁜 말투 알아보기

1장

이런 것도 못해? / 이런 말투도 안 돼! / 뭐 하는 거야!

다른 표현으로 바꿔 보자!

알아두기 할 수 없는 일을 탓하지 말고 노력하는 모습을 격려한다.

괜찮아! 마음 쓰지 마!
아무도 실수를 탓하지 않으며 누구나 실수할 수 있다는 느낌을 줄 수 있는 말이야.

모르는 게 있으면 물어봐.
처음 해 보거나 익숙하지 않은 일이라면 어떻게 해야 할지 잘 모를 수 있어. "모르는 건 편하게 물어봐도 돼!"라고 안심시켜 주자.

괜찮아! 한 번 더 해 보자!
나는 쉽게 할 수 있는 일이 다른 사람에게는 어려울 수 있어. 늘 하던 일을 실수할 때도 있는 법이고. 한 번 더 도전하도록 응원해 주자.

할 수 있을 거라고 기대했던 마음이 '실망'으로 변할 때 탓하는 말을 하기도 해.

모둠 활동을 할 때는 열심히 해서 좋은 결과가 나오기를 모두가 기대하잖아. 실수한 친구도 같은 마음이었을 거야. 그런데 실수한 친구를 탓하거나 웃음거리로 만들면 그 친구는 '이제 다시는 안 할 거야!'라는 마음이 들지 몰라.

친구가 싫어하는 말로 평가하지 않았나?

평소와 다른 모습이 낯설어서 그랬어요

[내가 한 말]
평소에 수수하게 입던 친구가 화려한 액세서리를 하고 왔어요. 안 어울린다는 뜻이 아니라 분위기가 달라져 "어색해!"라고 말해 버렸어요.

[친구의 반응]
- "너무해! 그렇게 말하지 않아도 되잖아!"라며 화를 냈다.
- "그런가? 안 어울리나 보구나."라며 액세서리를 빼고 다시는 하지 않았다.

절대로 쓰면 안 되는 말!
나쁜 말투 알아보기

1장

이상하지 않아? / 이런 말투도 안 돼! / 패션 감각이 없네!

다른 표현으로 바꿔 보자!

알아두기 — 안 좋은 평가를 받았다고 생각하지 않게 배려한다.

잘 어울려!
평소에 안 하던 액세서리를 착용하면서 친구도 떨렸을 거야. 두근거리는 마음을 편하게 해 주자.

오늘도 멋있어!
"오늘 멋 부렸네!"라고 말하면 친구는 '평소와 그렇게 다른가?' 하고 불안해할지 몰라. '오늘도'라고 말해 주면 평소와 다르지만 지금도 멋지다는 의미를 전할 수 있어. 여러 상황에서 쓸 수 있는 조사 '도'를 잘 알아두자.

지금 입은 옷에 딱이야!
친구에게 패션 감각이 좋다고 말해 봐. "오늘 옷차림에서 여기에 신경 쓴 거 맞지?" 하고 물으면 대화가 술술 이어질 거야.

친구가 좋아하는 일, 즐거워하는 일에 "좋네!"라고 말해 보자!

"어울리네!", "멋져!"라는 말은 친구의 패션 감각을 칭찬하는 데 더없이 좋은 말이야. 새로운 일에 도전하면 주변 반응이 어떨지 불안하기 마련이지. 그럴 때 칭찬과 공감을 담은 긍정적인 말을 해 주면 친구가 기뻐할 거야.

짜증 내는 말투는 친구의 마음을 멀어지게 해

혼자 있고 싶다고 말하려고 했어요

[내가 한 말]
혼자 있고 싶어 하는 제가 걱정되었나 봐요. 친구가 괜찮냐고 물었는데, "저리 가라고!"라며 냅다 소리치고 말았어요.

[친구의 반응]
- "알았어! 그럼 네 맘대로 해!"라며 화를 냈다.
- "왜 그렇게 말하는데…."라며 서운해했다.

절대로 쓰면 안 되는 말!
나쁜 말투 알아보기

1장

시끄러워! / 내버려두라고!

이런 말투도 안 돼!

다른 표현으로 바꿔 보자!

혼자 온전히 집중할 시간이 필요한데 혼자 있게 해 줄래?

누군가 걱정되면 마음이 불안해져. 혼자 있고 싶은 이유를 잘 설명해 안심시켜 주자.

알아두기: 고마운 마음을 먼저 전한 뒤 혼자서도 괜찮다고 말한다.

고마워! 그런데 지금은 혼자 있고 싶어.

고마움을 전하면, '혼자 둬도 괜찮을까?', '도움이 필요한 건 아닐까?' 하고 걱정하던 친구도 자기 마음이 전해진 걸 알고 마음이 놓일 거야.

지금은 혼자서도 괜찮아.

친구는 언제까지 너를 그냥 지켜봐야 할지 몰라 혼자 둘 수 없는 거야. 상황을 잘 설명해 네가 괜찮다는 걸 알려 줘.

걱정했는데 차갑게 반응하면 '기껏 걱정해 줬더니!'라는 괘씸한 마음이 들겠지.

혼자 있고 싶다고 말해도 "왜 혼자 있고 싶은데?", "진짜 괜찮아?" 하고 더욱 마음 졸이는 사람도 있어. 먼저 상대방이 걱정하는 마음을 받아들이고 자신의 생각을 전하면 상대방도 안심하고 지켜볼 거야.

겉모습이 다르다고 놀리는 말을 하면 안 돼

나와 다른 점이 눈에 띄어서 그랬어요

[내가 한 말]
저와 다른 친구의 겉모습을 보고 생각나는 대로 말해 버렸어요. 저보다 큰 친구에게는 "겁나 크다!", 작은 친구에게는 "겁나 쪼그매!"라고 말했더니 울상을 지었어요.

[친구의 반응]
- "실례잖아!"라며 언짢아했다.
- "쟤가 나도 놀렸어!"라며 옆에 있던 친구도 토라졌다.

절대로 쓰면 안 되는 말! 나쁜 말투 알아보기 **1장**

이런 말투도 안 돼!

말라깽이잖아! / 왜 그렇게 됐어?

다른 표현으로 바꿔 보자!

알아두기 속된 말을 쓰면 놀리는 것처럼 들릴 수 있다.

나보다 키가 크네!

'꺽다리', '꼬맹이'처럼 상대방의 겉모습을 특징 짓는 말을 하면 상대방은 놀림당했다고 생각할 수 있어. 자신을 기준으로 다른 점을 말해 보자. '꺽다리'는 "나보다 키가 크네.", '꼬맹이'는 "나보다 키가 작구나." 등으로 바꿔 말하는 거지.

대단해! 나는 멋지다고 생각해!

다른 사람이 볼 때는 '개성'일 수 있는데, 상대방에게는 '나는 왜 다르지?' 하는 고민거리일지도 몰라. 나와 다른 부분을 멋있다고 말해 보자.

개성은 그 사람만의 매력이야. '십인십색'이라는 말도 있듯이 저마다 개성이 있어.

누구나 다른 사람에게 어떻게 보일지 신경을 써. 바꿔 말할 표현을 찾기 어려울 때는 우선 이런 말을 해도 괜찮을지 생각해 봐. 때로는 말하지 않는 것이 좋을 수도 있어.

상대방을 위한 말이라도 다그치는 말로는 진심이 전해지지 않아

친구가 너무 걱정되어서 그랬어요

[내가 한 말]
위험한 행동을 하는 친구를 당장 말리려고 "안 돼!" 하고 소리치고 말았어요. 친구가 깜짝 놀라 멈추기는 했지만, 경고문을 못 본 것뿐이라며 화를 냈어요.

[친구의 반응]
- "뭐야! 자기가 뭐라도 되는 줄 알아!" 하고 불쾌해하며, 어떤 말도 듣지 않았다.
- "너도 그런 적 있잖아!"라고 대꾸했다.

절대로 쓰면 안 되는 말!
나쁜 말투 알아보기

1장

하지 마! / 이런 말투도 안 돼! / 선생님께 이를 거야!

다른 표현으로 바꿔 보자!

알아두기 무엇이 안 되는지, 왜 안 되는지 이유를 말한다.

위험해!
하면 안 되는 일인 줄 알면서도 거친 말투로 지적을 당하면 반발심이 생기지. 먼저 상대방의 상황이 위험하다는 걸 알려 주자.

건너지 말라고 경고문에 써 있어!
금지 사항이 있는 경우는 상대방이 스스로 생각해서 판단할 수 있도록 안내문이나 경고문의 내용을 알려 주자.

어른을 불러올게!
상대방이 말을 듣지 않으면 억지로 말리지 말고 도움을 청하자. 이때 "○○가 위험한 행동을 하고 있어요!"가 아니라 "○○가 위험해 보여서요. 도와주세요!"라며 위급한 상황을 알리는 거지.

알면서도 하게 되는걸. 그래도 저렇게 세게 말하면 듣기 싫어.

어른도 다른 사람에게 주의를 주기 어려울 때가 있어. 그럼에도 조심하라고 말하는 것은 상대방을 위해서야. 물론 상대방이 말을 무시하면 고분고분하게 말하기는 쉽지 않겠지만, 그래도 다시 한번 상대방을 배려하는 마음을 떠올리자.

부탁하는 말은 상대방의 입장도 헤아리며 하기

당연히 해 줄 거라 생각해서 그랬어요

[내가 한 말]
제가 잘 못하는 걸 잘하는 친구에게 부탁했어요. 티셔츠를 바로 만들어 달라고 했는데 안 된다고 했어요. 그래서 "왜 안 되는데?"라고 물었더니 친구가 아까보다 더 차갑게 "못 해!"라며 거절했어요.

[친구의 반응]
- "불쑥 부탁하면 어떻게 해!" 하고 신경질을 냈다.
- "네가 하면 되잖아." 하고 반발했다.

절대로 쓰면 안 되는 말! 나쁜 말투 알아보기

1장

해 줘도 되잖아? / 이런 말투도 안 돼! / 거절하다니 너무해!

다른 표현으로 바꿔 보자!

네가 해 주면 기쁠 텐데.

부탁하는 이유를 솔직하게 말해 봐. 그리고 "네가 도와주면 좋을 텐데, 혹시 괜찮아?"라는 말을 덧붙여 부탁을 들어줄지 말지는 상대방의 뜻에 맡기는 거야.

 알아두기 거절당할 수도 있다는 사실을 받아들인다.

부탁하고 싶은 일이 있는데 지금 괜찮아?

상대방이 다른 일을 하느라 바쁠 수도 있잖아. 먼저 내 부탁을 들어줄 수 있는 상황인지부터 확인해 봐. 도와주기 어려운 상황이라면 친구도 "미안하지만"이라고 부드럽게 거절할 거야.

특별히 의논하고 싶은 일이 있는데….

먼저 의논하고 싶은 일이 있다고 말하면 상대방도 잘 들어 줄 거야. '특별히'라는 말에는 '마음을 담아'라는 뜻이 담겨 있거든.

친구도 기분 좋게 받아 주는 '부탁하는 방법'을 알아 두면 좋아.

"타이밍하고는.", "왜 내가 해 줘야 하는지 이유를 모르겠어.", "내 입장은 생각지도 않네." 등등 부탁받는 친구가 '자기 맘대로야.'라는 생각이 들게 하면 안 되겠지. 상대방을 존중하는 마음이 잘 전달될 수 있는 표현을 익혀 두자.

35

나쁜 말투

강요하는 말로는 내 생각이 전해지지 않아

계란 프라이는 케첩이랑 먹어야지.

소금은 안 어울려.

아닌데.

아니, 아니. 내 말이 맞아.

나는 소금이 좋다니까!

참견하지 마!

당연히 그래야 한다고 생각했어요

[내가 한 말]
상대방이 제가 당연하다고 여기는 것과 다르게 생각하거나 행동하면 무심코 "이거지!", "이래야지!"라고 말하게 돼요. 그런데 어느 날 친구가 발끈했어요.

[친구의 반응]
- "나는 이게 좋으니까 내버려둬. 나는 이렇게 하고 싶어."라며 내 말은 들은 척 도 하지 않았다.
- "네 말이 다 맞는 건 아니야!"라며 반대해 끝까지 의견이 맞지 않았다.

1장

절대로 쓰면 안 되는 말!
나쁜 말투 알아보기

그건 이상해!

이런 말투도 안 돼!

이게 상식이야!

들어 본 적 없는데?

다른 표현으로 바꿔 보자!

처음 알았는데 그럴 수도 있겠네.

내 의견을 말하고 싶은 거지, 상대방의 생각을 부정하려는 건 아니잖아. 그럴 때는 "둘 다 좋아."라고 말하자.

 알아두기 상대방의 생각을 존중하면서 왜 그런지 이유를 듣는다.

괜찮다면 왜 그게 좋은지 이유를 알려 줄래?

앞으로 너와 생각이 다른 사람들을 많이 만나게 될 거야. 놀라서 부정하거나 상식을 강요하지 말고, 관심을 기울여 상대방의 생각을 들어 봐. 너의 시야도 넓어질 거야.

그렇구나, 그렇게 생각할 수도 있겠네!

취향이나 하고 싶은 일에 맞고 틀리고는 없어. 찬성인지 반대인지를 떠나, 상대방의 생각을 받아들이려는 마음을 전해 봐. 상대방도 네 의견에 귀 기울일 거야.

자신의 의견을 말하고 싶겠지만 상대방의 생각을 아는 것도 중요해.

너는 좋은 걸 알려 주고 싶은 마음이겠지만, 무작정 너의 의견만 말하면 상대방은 귀담아 듣지 않게 돼. 먼저 상대방의 생각에 관심을 가지고 그 생각을 받아들인다면 상대방도 마찬가지로 너의 의견을 들을 거야.

나쁜 말투

이해 안 된다는
말로 상대방의 취향을 부정하면 안 돼

내 취향과 다르다고 말한 거였어요

[내가 한 말]
같은 아이돌을 좋아했던 친구가 새로 데뷔한 아이돌의 팬이 되었어요. 뜻밖에도 두 아이돌의 스타일이 완전히 달라 "엥? 어디가 멋진데?"라고 말해 버렸어요.

[친구의 반응]
- "그걸 몰라? 하여튼 보는 눈이 없다니깐!"이라며 오히려 비난을 들었다.
- 이것도 멋있고 저것도 멋있고 주절주절…. 관심도 없는 얘기를 들어야 했다.

38

절대로 쓰면 안 되는 말!
나쁜 말투 알아보기

1장

> 지난번에 좋아했던 가수에 비해 별론데?

 이런 말투도 안 돼!

> 나는 전혀 모르겠는데.

다른 표현으로 바꿔 보자!

어머! 네가 그런 사람을 좋아하는지 처음 알았어!

취향의 기준이나 대상은 변하기 마련이야. 상대방의 변화에 맞추거나 부정할 필요는 없어. 처음 알았다고 말해 주기만 해도 상대방은 흡족해할 거야.

알아두기 서로의 취향을 존중한다.

이 아이돌 벌써 주목받고 있는 거야?

상대방은 너보다 정보에 민감할지도 몰라. 먼저 좋아했던 아이돌이 싫어진 게 아니라 새로운 화제를 너와 얘기하고 싶은 것일 수도 있으니 너도 알고 싶다는 마음을 전해 봐.

그 부분이 좋은 거구나!

37쪽에서 말한 것처럼 우선은 상대방의 의견을 받아들이자. 어떻게 해야 하는지 모르겠다면 상대방의 말을 그대로 따라 하기만 하면 돼.

친구끼리 좋아하는 것이 같아도 좋지만, 서로 다른 점을 알아 가는 것도 즐거운 일이지.

사람마다 취향이 다른 것은 당연해. 취향을 아는 것은 그 사람을 알아 가는 첫걸음이라고 할 수 있어. 억지로 맞추거나 자신의 취향을 강요하지 않고 서로의 취향을 존중한다면, 멋진 관계를 이어 나갈 수 있을 거야.

제 마음을 알아주지 않는 것 같아 거절했어요

[내가 한 말]
친구에게 제 생각을 말했는데 잘 전해지지 않은 것 같았어요. 친구는 좀 더 설명을 듣고 싶어했지만 제 마음을 알아주지 않는다는 느낌에 서운했어요. 더 설명하기도 귀찮아 "그만 됐어!"라고 말해 버렸어요.

[친구의 반응]
- "왜 그런 말을 해?"라며 나처럼 서운한 얼굴이 되었다.
- "나도 마찬가지야, 됐어!"라는 말을 들었다.

절대로 쓰면 안 되는 말!
나쁜 말투 알아보기

1장

가 버려! / 이런 말투도 안 돼! / 어차피 들어 주지도 않을 거면서!

다른 표현으로 바꿔 보자!

말로 설명하기가 어려워서….

중요한 일이나 설명하기 어려운 일 등 말문이 막힐 때는 기다려 달라고 말하는 게 좋아. 상대방도 분명 기다려 줄 거야.

 알아두기 설명하기 어렵다고 솔직하게 말한다.

생각할 시간을 줄래?

기분이나 생각이 뒤죽박죽이면 아무 말도 할 수 없지. 그렇다고 잠자코 있으면 상대방이 걱정하겠지? 그럴 때는 시간을 조금 달라고 말하면 돼.

생각 좀 정리하고 말해도 될까?

상대방이 너그러운 사람이라는 걸 아는데도 말이 잘 나오지 않을 수 있어. 답답한 마음을 거절하는 말로 표현해 버리면 다시 말할 기회도 놓치게 돼. 우선은 지금 상황을 말하자.

마음이 제대로 전달되지 않는다고 느껴지면 평소보다 말이 잘 안 나와.

 사소한 일이라도 내가 말하고 싶은 것이 제대로 전달되지 않으면 "왜 모르지?", "어차피 전해지지도 않을 텐데." 하고 점점 혼자 고민하게 되지. 그럴 때는 거절하는 말로 피하지 말고 마음을 정리할 시간이 필요하다고 말해 봐.

41

어떻게 하면 나쁜 말투를 쓰지 않을 수 있을까?

① 절대 나쁜 말투를 쓰지 않겠다고 결심하기

자랄수록 대화를 나눌 상대가 많아져. 새로 만나게 되는 사람들 중에는 다양한 생각과 개성을 지닌 사람도 있을 거야. 상대방의 입장에서 보면 너도 그중 한 사람이겠지. 사람들과 대화하다 보면 "기분 나쁘게 말하네.", "왜 저렇게 말하지?" 하는 생각이 들 때도 있을 거야. '저런 나쁜 말투는 절대 쓰지 말아야지!' 하고 결심하는 게 중요해.

절대로 쓰면 안 되는 말!
나쁜 말투 알아보기

1장

② 내 말을 어떻게 생각할지 상대방의 마음 헤아리기

다양한 사람이 있지만 듣기 언짢은 말은 누구에게나 똑같아. 상대방에게 뭔가 말하고자 할 때는 먼저 스스로에게 '이 말을 들으면 기분이 어떨까?' 하고 물어보자. 물론 나에게는 괜찮은 것도 거북하게 느끼는 사람이 있겠지만, 나와 다른 여러 생각이 있다는 사실을 알고, 그 생각들을 받아들이는 방법을 알아가면 돼.

무턱대고 잔소리를 하면 나도 듣기 싫은데, 내가 잔소리를 하고 있었네.

친한 사이일수록 더 함부로 말하게 되는 것 같아.

❸ 진심으로 전하고 싶은 말이 무엇인지 생각하기

어렵게 생각하지 마. 나쁜 말투를 쓰지 않는 첫걸음은 내가 정말 하고 싶은 말이 무엇인지, 지금 내 기분이 어떤지 자기 마음에 물어보는 거야. 그리고 '정말 전하고 싶은 마음'을 표현할 말을 찾아보는 거지.

원숭이는 덤벙대지만 흥이 많아서 대화하는 게 즐거워!

토끼는 가끔 잔소리가 너무 지나치지만 다정해서 걱정해 주는 거야.

절대로 쓰면 안 되는 말!
나쁜 말투 알아보기

1장

4 상대방에게 전해질 말로 바꿔 표현하기

내가 진짜 말하고 싶은 게 무엇인지 알았으면, 이제 '내가 말하고 싶은 것'과 '상대방이 알고 싶은 것'을 이어 줄 수 있는 말로 바꿔 표현해 보는 거야. 그것만으로도 짜증이나 오해, 상대방을 피하고 싶은 마음을 줄일 수 있어. 너의 기분 좋은 말투가 상대방을 미소 짓게 할 거야.

실수하지 않을 말이 아니라 서로 웃음 짓는 말을 고르는 거구나!

더 이상 토끼를 걱정시키지 말아야지. 선생님, 어떻게 해야 하는지 빨리 알려 주세요!

2장

날마다 대화가 즐거워져!
의사소통 능력을 키우는 대화법

내가 보고 느낀 것을 있는 그대로 다 말해 버리면 상대방의 기분을 상하게 하거나 상대방이 내 말의 의미를 오해할 수 있어. 친구 관계를 해치지 않는 말투를 배워 보자.

선생님, 여기서는 뭘 배워요?

친구도 너도 커 가면서 각자 소중하게 여기는 것이나 좋아하는 것이 바뀔 수 있어. 그러니 네가 생각한 것, 느낀 것을 있는 그대로 말하면 자칫 상대방에게 상처를 줄 수 있지. 상대방이 오해하지 않으면서 나쁘게 받아들이지 않을 말투를 생각해 봐야 해.

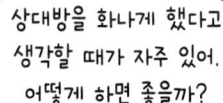
상대방을 화나게 했다고 생각할 때가 자주 있어. 어떻게 하면 좋을까?

같이 놀자는 걸 거절했더니 친구가 화를 냈다

거절한 이유가 제대로 전해지지 않았다

고양이와 강아지는 수업이 끝나면 늘 함께 논다. 그날도 어김없이 강아지가 "오늘은 뭐 하고 놀까?" 하고 물었다. 고양이는 엄마와 쇼핑을 가기로 해서 '오늘은 같이 못 놀아.'라는 의미로 대뜸 "안 돼!"라고 말했다. 강아지는 "뭐야! 그럼 나도 이제 너랑 안 놀아!" 하고 화를 냈고, 두 친구는 그만 싸우고 말았다.

2장 날마다 대화가 즐거워져! 의사소통 능력을 키우는 대화법

고양이가 하고 싶었던 말

"안 돼!"라고 말했지만

같이 놀자는 말에 엄마와 한 약속이 떠올라 '오늘은 같이 놀 수 없어.'라고 전할 생각이었다.

강아지에게는 이렇게 들렸다

"이제 안 놀아!"

이유 없이 "안 돼!"라고만 말해서 고양이가 이제는 자신과 놀고 싶지 않아 거절한다고 느꼈다.

왜 다를까요? 선생님, 알려 주세요!

고양이는 같이 노는 게 싫었던 게 아니라 다른 볼일이 있었던 거야. 물론 이유가 있어서 거절하더라도 "안 돼!"라고 한마디만 하면 상대방은 자신이 거부당했다고 생각할 수 있어. 머릿속에 있는 이유를 상대방이 이해할 수 있게 바꾸어 말하는 법을 생각해 보자.

바꿔 말하기 연습 ①

이유를 설명하자!

미안하지만 오늘은 안 돼.
엄마랑 쇼핑 가기로 약속했거든.

그럼 어쩔 수 없지.

바꿔 말하기 요령
'오늘은'이라는 말을 덧붙이면, 이번에는 이유가 있어서 거절한다는 걸 전할 수 있어. 상대방도 이유를 들으면 이해할 거야.

선생님의 한마디

거절하는 이유를 제대로 말하자

친한 친구 사이라도 늘 함께 하는 게 당연한 것은 아니야. 집에 일이 있을 수도 있고, 새로운 일과가 생겼을 수도 있잖아. 누구에게나 '사정'이 생길 수 있어. 그러니 이유를 잘 설명하는 방법을 알아 두는 것이 중요해.
친구와 놀고 싶을 때는 우선 언제 놀 건지, 뭐 하고 놀 건지, 어디서 놀 건지 이 세 가지를 확인하자. 이 상황은 강아지가 뭐 하고 놀 건지를 물었는데, 고양이가 언제 놀 건지로 이해하고 대답한

바꿔 말하기 연습 ②
다른 제안을 하자!

오늘은 엄마랑 쇼핑 가야 해. 내일 우리 집에서 같이 놀자!

알았어! 그러자! 내일 재밌겠다!

바꿔 말하기 요령

거절하는 이유를 설명하면서 '다른 날'을 제안해 보자. 오늘은 아쉽지만 새로운 기대와 설렘으로 기다릴 수 있게 될 거야.

거야. 먼저 상대방의 이야기를 잘 듣고 나서 거절하는 이유를 설명해야 해. 그리고 대신할 수 있는 다른 제안을 하자. 그러면 상대방도 "내일은 안 돼.", "다른 거 하고 놀자.", "딴 데에서 놀면 좋겠어."와 같은 대답을 할 수 있겠지. 그럴 때는 이야기를 나누면서 할 수 있는 걸 같이 고민하면 돼.

바꿔 말하기 도전!

부탁받았는데 "안 돼!"라고 말해 버렸다

친구가 "우리 둘이 같이 인기 캐릭터 분장을 하면 주목받을 거야."라며 핼러윈 분장을 맞추자고 했어요. 하지만 그 캐릭터 분장을 하고 싶지 않아 거절하려는데….

> 으응? 안 돼….

이유를 설명하자!

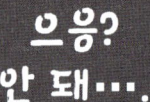

맘에 드는 캐릭터가 따로 있어. 각자 꾸미면 더 눈길을 끌 거야.

나는 주목받는 건 좀 부담스러워서 옆에서 응원할게!

설명 친구의 부탁이라도 하기 싫은 일은 싫다고 거절해도 문제없어. 하지만 "네 부탁은 들어주기 싫어."라고 오해하지 않도록 너의 생각과 이유를 제대로 설명하는 것이 중요해.

빌려 달라는 말에 "싫어!"라고 말해 버렸다

제가 아끼는 만화책을 친구가 빌려 달라고 했어요. 같이 읽는 건 괜찮지만, 친구 집으로 가져가는 건 싫었어요. 우리 집에서 같이 읽으면 되는데….

나쁜 말투

안 돼! 절대 안 돼!

다른 제안을 하자!

미안! 이건 내가 제일 아끼는 만화책이라서. 다른 책은 괜찮아!

내 방에서 같이 읽으면 어때? 다른 만화책도 보여 주고 싶어.

설명

친구는 별 뜻 없이 가볍게 빌려 달라고 말했을 수도 있는데 정색하면서 거절하면 '그렇게까지 싫어할 건 없잖아….' 하고 생각할지도 몰라. 다른 방법을 제안하면 친구가 무슨 생각이었는지 알 수 있을 거야.

느낀 대로 솔직하게 말했더니 서운해했다

내 의도와 다르게 받아들여졌다

새가 "나 좀 봐!" 하고 으쓱으쓱 춤을 추었다. 코알라는 평소와 다른 새의 모습이 재밌으면서도 이상했다. 재미있다고 해야 할지 이상하다고 해야 할지, 딱 알맞은 말이 언뜻 생각나지 않았다. 그래서 춤 솜씨를 평가하는 느낌이 들지 않도록 웃는 얼굴로 "웃기네." 하고 말했다.
새는 "진짜 열심히 연습한 건데….."라며 풀이 죽어 시무룩해졌고, 코알라는 "그게 아니고…."라며 미안해졌다.

> 날마다 대화가 즐거워져!
> 의사소통 능력을 키우는 대화법

2장

코알라가 하고 싶었던 말

"**웃기네.**"라고 말했지만

"잘하네." 하고 점수 매기듯 평가를 하는 건 이상해서 재미있다는 것을 전하고 싶었다.

새에게는 이렇게 들렸다

"**그 춤, 이상해!**"

열심히 연습했는데 "이상한 춤을 추네."라고 평가받은 것 같아 실망했다.

왜 다를까요? 선생님, 알려 주세요!

어떠냐고 묻는 말에 상대방을 기쁘게 할 만한 말을 찾기란 어려워. 점수로 말할 때 100점이 아니면 뭔가 부족한 이유가 있는 것처럼 들리고, 100점 만점이라고 하는 것도 진심이 아닌 것처럼 들릴 수 있지. "웃기다"라는 말은 '재미있다', '평범하지 않다'라는 의미로도 사용할 수 있지만, 놀리는 듯한 인상을 줄 수도 있어.

바꿔 말하기 연습 ①
마음을 전하자!

그렇게 격렬한 춤을 출 수 있는 줄 몰랐어!

잘 출 때까지 몰래 연습했거든!

바꿔 말하기 요령
네가 처음 느낀 마음을 자세히 전달해 봐. 왜 그런 마음이 들었는지 이유를 덧붙이면 상대방도 오해하지 않을 거야.

선생님의 한마디

눈에 보이지 않는 노력을 알아주자

스포츠든 음악이든 그림이든 열심히 뭔가에 매진하는 사람을 보면 대단해 보일 거야. 하지만 무엇이 어떻게 대단하게 느껴지는지 설명하기란 쉽지 않지. 열심히 연습하는 사람에게 "꽤 잘하는데?"라고 말하면 "너 이거 잘 알아?"라고 되받아칠 것만 같고 말이야.

상대방이 "나 좀 봐 봐!" 하고 말하는 건 꼭 평가받고 싶어서 그러는 게 아니야. 자기가 하고 있는 일, 즐기고 있는 일, 열심히 연

2장
날마다 대화가 즐거워져!
의사소통 능력을 키우는 대화법

바꿔 말하기 연습 ②
포인트를 물어보자!

진짜 잘한다!
제일 어려운 부분이 어디였어?
어떤 게 포인트 안무야?

한 번 더 출 테니까 잘 봐 봐.
제일 많이 연습한 부분이야!

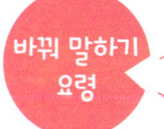
바꿔 말하기 요령

상대방이 어디에 집중해 주기를 바라는지, 어느 부분을 제일 많이 연습했는지 직접 물어봐. 특히 좋아하는 부분을 가르쳐 줄 거야.

습해서 이윽고 할 수 있게 된 것을 알아줬으면 하는 거지. 그러니 그걸 할 수 있기까지 겪었을 어려움이나 할 수 있게 되어 기쁜 점은 무엇인지 물어봐 주면 돼.
상대방은 분명 다른 사람이 알아채기 어려운 세세한 부분까지 신경 썼을 거야. 느낀 점을 말하면서 어느 부분에 더 힘을 쏟았는지 물어보자.

57

바꿔 말하기 도전!

열심히 한 친구에게 "벌써 그만두는 거야?" 하고 말해 버렸다

철봉 거꾸로 매달리기를 못하는 친구가 열심히 연습하다가 더 이상 안 되겠다며 체념했어요. '이제 조금만 더 하면 될 것 같은데!' 하는 마음에 "벌써 그만두는 거야?"라고 말했는데….

> 어? 벌써 그만두는 거야?

나쁜 말투

마음을 전하자!

> 요령을 터득한 것 같은데? 곧 성공할 거야!

> 조금만 더 하면 될 거야! 이렇게까지 열심히 하다니, 대단해!

설명

열심히 노력하고 있는데 평가받거나 노력이 부족하다는 말을 들으면 "이제 안 되겠어." 하는 생각을 할 수 있어. "꼭 할 수 있을 거야!" 하고 응원하는 마음을 전해 보자!

그림이 어떠냐고 물어서 잘 모르겠다고 대답하니…

친구 집에서 처음 유화를 보았어요. 친구가 미술 학원에서 그린 그림이랬어요. 유화에 관해서는 아무것도 몰라서 잘 모르겠다고 말했는데 친구가 별로 좋아하지 않는 것 같았어요.

나쁜 말투: 잘 모르겠어….

가르쳐 달라고 하자!

그리기 엄청 어려울 것 같아. 그리는 데 얼마나 오래 걸렸어?

유화는 처음 봐. 어떻게 그리는 건지 가르쳐 줄래?

설명: 모르는 것은 솔직하게 가르쳐 달라고 하자. 질문을 많이 하면 자신이 그린 그림에 관심을 보인다고 기뻐할 거야.

머리 모양을 바꾼 친구에게 바꾸기 전이 더 좋다고 말했다

부정할 마음은 아니었다

알파카와 강아지는 취향도 같고 서로 마음이 맞는 친구 사이라 옷차림이며 머리 모양이 비슷할 때가 많다. 어느 날 강아지가 머리 모양을 바꾸고 나타나자 알파카는 깜짝 놀랐다. '나랑 달라졌네. 지난번 머리 모양이 더 좋았는데.' 하는 아쉬움에 "엥?"이라는 말을 불쑥하고 말았다. 잘못 말했다는 생각에 바꾸기 전 머리 모양이 더 좋다는 말을 덧붙였지만, 강아지는 '안 어울리나….' 하고 마음이 쓰였다.

날마다 대화가 즐거워져! 의사소통 능력을 키우는 대화법

2장

알파카가 하고 싶었던 말

"엥? 바꾸기 전이 더 좋은데." 라고 말했지만

실례일 수 있겠다고 생각하면서도 아쉬운 마음에 이전과 비교하는 말을 하고 말았다.

강아지에게는 이렇게 들렸다

"안 어울려."

잘 어울린다고 말해 주기를 기대했는데, 바꾸기 전이 더 낫다고 하니까 실망했다.

왜 다를까요? 선생님, 알려 주세요!

뭔가를 새로 시작했다거나 이전과 다르게 바꿨다는 것은 앞으로의 변화를 기대하고 있다는 의미야. 분위기가 크게 바뀌면 어색할 수도 있지만, 새로 도전하는 자세가 멋진 거잖아. 그러니까 평가할 때는 꼭 긍정적인 말을 쓰기로 하자.

61

바꿔 말하기 연습 ①
바꾸기 전과 후를 비교하지 않기!

어머? 머리 모양 바꿨구나. 그 전도 좋았지만, 지금 머리도 잘 어울려!

그 머리도 좋았는데, 새로운 스타일로 도전해 봤어!

바꿔 말하기 요령
아쉬운 마음을 굳이 상대방에게 전할 필요는 없어. 바꾸기 전과 비교해서 어느 쪽이 낫다가 아니라 양쪽 다 좋다고 말해 보자.

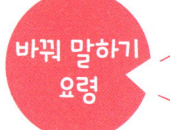

상대방을 배려해 '말하지 않는' 것도 중요해

선생님의 한마디
상대방의 변화에 대해 말할 때는 긍정적인 표현을 고르는 걸 꼭 기억하자. 만일 상대방이 "나 좀 봐 줘! 어때?" 하고 적극적으로 말을 걸어오지 않는다면 스스로도 변화를 준 모습이 마음에 들지 않거나 이상해 보이진 않을까 불안한 것일 수도 있어. 그럴 때는 상대방이 어떤 마음인지 먼저 살펴봐.
"머리 잘랐구나!" 하고 관심을 보였을 때 상대방이 "응! 어때?" 하고 물으면 긍정적인 말로 같이 분위기를 띄워 주는 거지! 만일

바꿔 말하기 연습 ②
긍정적으로 평가하자!

어?
분위기가 많이 달라졌네!
잘 어울려!

고마워!
그렇게 말해 주다니 기뻐!

바꿔 말하기 요령 — 상대방의 현재 모습에서 장점을 찾아 말하자. 3장 '칭찬할 점 찾기 연습'을 참고해도 좋아.

"너무 많이 잘랐나?" 하고 말하면 "나는 지금 길이가 예쁜데?"라는 식으로 상대방을 안심시켜 주면 좋겠지. "그 얘기는 하지 말아 줘!"라며 말하고 싶어 하지 않으면 화제를 바꿔 얘깃거리로 삼지 않는 것도 상대방을 배려하는 방법이야.

바꿔 말하기 도전!

이미 결정한 일에 "아까워!"라고 말해 버렸다

친구는 전부터 머리를 기르고 있었어요. 모두들 긴 머리가 멋지다고 했지요. 그런데 어느 날 친구가 머리카락을 기부한다며 긴 머리를 싹둑 잘라 버렸어요.

> 아까워! 그 머리 예뻤는데.

나쁜 말투

결심한 이유에 주목하자!

⬇

> 기부하려고 잘랐구나! 정말 대단해!

> 모습이 완전 달라져서 깜짝 놀라긴 했지만, 정말 멋진 결정이네!

설명

상대방이 변화를 준 이유가 있을 거야. 먼저 이유를 들어 보고 그에 대해 네가 느낀 긍정적인 마음을 전하는 게 좋아. 만일 별다른 이유가 없다면 화제를 바꾸면 돼.

겉으로 보이는 모습을 나쁘게 말해 버렸다

이전에는 알록달록 밝은 옷을 좋아하던 친구가 개성파 밴드의 팬이 된 뒤로 점점 그 밴드 멤버들처럼 어두운 색 옷을 입는 일이 많아졌어요.

그 옷, 너무 어둡지 않아?

긍정적으로 평가하자!

개성 만점이야! 특별히 신경 쓴 곳은 어디야?

모노톤으로도 이렇게 다양하게 멋을 낼 수 있는지 몰랐어.

설명

모노톤은 흰색과 검정, 회색 등 무채색으로 꾸미는 것을 말해. 패션 분야를 비롯해서 세상은 점점 더 최첨단 기술과 유행이 생겨나고 있어. 잘 모르는 분야라고 멀리하지 말고 새로운 발견을 즐겨 보자!

친구가 좋아하는 아이돌, 어디가 멋있다는 건지 몰랐다

물어봤을 뿐인데 험담한 것으로 오해받았다

고양이는 자신이 좋아하는 아이돌의 사진이며 굿즈를 곰에게 보여 주었다. 곰은 사진만 보고는 그 아이돌의 매력을 알 수 없었다. 아이돌에 대해 자세한 설명을 들으면 자신도 좋아하게 되지 않을까 하는 생각에 어떤 활동을 하는지, 어디가 좋은지 물어보려고 했다. 매력 포인트를 알려 달라는 의미로 "어디가 좋은데?"라고 물었는데, 고양이에게는 "아무 매력도 없는데?" 하고 험담을 한 것처럼 들린 모양이다.

곰이 하고 싶었던 말

"어디가 좋은데?"라고 말했지만

친구가 관심 있어 하는 것을 함께 알고 싶어서 그 아이돌이 왜 좋은지, 뭘 잘하는지 설명해 달라는 뜻으로 한 말이었다.

고양이에게는 이렇게 들렸다

"별로네."

어디가 좋은지 몰라보는 건, 자신이 좋아하는 아이돌이 별로라고 생각하기 때문이라고 이해했다. 매력을 몰라보는 사람에게 설명해 봤자 소용도 없고, 기분도 상해 말하기 싫었다.

왜 다를까요? 선생님, 알려 주세요!

상대방에게 질문할 때는 자신이 무엇을 알고 싶은지 분명히 말하지 않으면 오해가 생길 수 있어. '어디가', '무엇이', '왜' 등 애매한 질문은 경우에 따라 상대방이 기분 나쁘게 받아들일 수도 있거든. "좋아하는 노래가 뭐야?", "어떤 점이 특히 좋아?"처럼 구체적으로 물어보자.

바꿔 말하기 연습 ①
관심이 있음을 표현하자!

다른 멤버들도 다 멋진데,
이 멤버가 제일 좋은 이유가 뭐야?

들어 줄 거야?
실은 말이야!

바꿔 말하기 요령

처음 보는 대상에 관해서는 뭘 물어야 할지 모를 수 있어. 그럴 때는 상대방에게 자세히 가르쳐 달라고 말하면 돼.

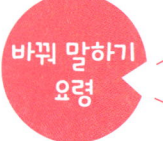

선생님의 한마디

고마운 마음을 갖자

내가 관심 있는 일이나 좋아하는 일에 다른 사람도 관심을 가져 주면 기쁘기 마련이라 그와 관련된 질문을 받으면 뭐든 다 가르쳐 주고 싶겠지. 하지만 그 질문이 부정적인 내용이거나 무엇을 알고 싶어하는 건지 명확하지 않으면 오히려 기분이 나쁠 수도 있어.
앞에서 설명한 것과 같이 '무엇이', '어디가'처럼 어디에든 쓸 수 있는 말은 편리하지만, 사람이나 말투에 따라 의미가 다르게 받

바꿔 말하기 연습 ②
상대방의 마음을 받아들이자!

이 아이돌 정말 좋아하는구나!

맞아! 요즘 푹 빠졌어!

바꿔 말하기 요령: 관심이 없으면 무리하게 질문하지 않아도 괜찮아. 상대방의 이야기를 듣고 그 마음을 받아들이는 것만으로도 충분해!

아들여지기도 해.
질문할 때는 부탁과 감사의 마음으로 "알려 줄래?" 하고 묻는 게 좋아. 또 네가 묻고 싶은 점을 명확히 나타내는 표현을 고르는 것도 중요하지. 그렇게 하면 상대방도 '제대로 알 수 있게 대답해 줘야지.' 하고 생각할 거야. 비판받았다고 오해하는 일도 적어질 거고 말이야.

바꿔 말하기 도전!

도서관에서 찾으려고 했던 책을 찾지 못했다

도서관 사서 선생님에게 "꽃에 관한 책 있어요?" 하고 묻자 위치를 알려 주셨어요. 그런데 꽃 관련 책이 어찌나 많은지 저에게 꼭 맞는 책은 찾을 수 없었어요.

> 꽃에 관한 책 있어요?

나쁜 말투

알고 싶은 내용을 구체적으로 말하자!

> 학교에서 받은 나팔꽃 씨앗을 키우고 싶은데요, 키우는 방법을 알려 주는 책이 있을까요?

> 나팔꽃 재배 방법이나 초등학생도 쉽게 키울 수 있는 꽃을 알려 주는 책을 찾고 있어요.

설명

뭔가를 알아볼 때 알고 싶은 점을 명확하게 말하지 않으면 원하는 정보를 얻을 수 없어. 질문하기 전에 알고 싶은 것이 정확히 무엇인지 생각해 보자.

대화 화제를 자연스럽게 바꾸고 싶다

새로 짝이 된 친구와 친해졌어요. 그 친구는 공룡 마니아라서 공룡에 관해 물어보면 아주 기뻐해요. 하지만 저는 공룡에 관심이 없어서 무슨 말을 해야 할지 모르겠어요.

나쁜 말투: 공룡에 관심 없어!

억지로 물어보지 않아도 돼!

완전 공룡 박사네! 모르는 게 있으면 또 물어볼게.

그렇구나! 알려 줘서 고마워.

설명: 화제를 바꿀 때는 "재밌었어.", "고마워." 등 느낀 점을 말하거나 감사 인사로 대화를 마무리하는 방법이 있어. "덕분에 새로운 걸 알게 됐어."와 같은 말로 마음을 전하면 상대방도 만족해할 거야.

"별로 재미없었어." 하며 빌린 만화책을 돌려줬다

거절하고 싶어서 솔직한 마음을 말했다

사슴은 늑대가 강력 추천한다며 빌려준 만화책 시리즈 1권을 읽었다. 그런데 취향이 아니라서 그다지 재미있지 않았다. 늑대는 다음 편도 읽어 보라고 권했지만 사슴은 더 읽고 싶지 않았다. 그래서 책을 돌려줄 때 어떠냐고 묻는 늑대에게 "별로 재미없었어."라고 말했다. 그랬더니 늑대가 "기껏 빌려줬더니 뭐야! 다음 편까지 잘 읽어 봐."라며 더 읽으라고 했다.

2장
날마다 대화가 즐거워져!
의사소통 능력을 키우는 대화법

사슴이 하고 싶었던 말

"**재미없었어.**"라고 말했지만

끝까지 읽었는데도 내용에 흥미가 없었기 때문에 다음 편에 별로 관심이 생기지 않는다는 말을 하고 싶었다.

늑대에게는 이렇게 들렸다

"**이 만화책이 뭐가 재밌다는 거야?**"

자신은 재미있게 읽어서 일부러 빌려준 건데 재미없다고 하니 서운했다. 시리즈를 다 읽으면 재미를 알게 될 거라고 생각했다.

왜 다를까요? 선생님, 알려 주세요!

상대방이 뭔가를 권할 때는 자기가 좋아하는 것이나 재미있다고 생각하는 것을 그 사람도 알았으면 하는 마음인 거야. 늑대도 사슴과 함께 책에 대해 얘기하고 싶었을지 몰라. "별로였어."처럼 부정적인 감상이나 관심이 없는 듯한 반응은 상대방의 기대를 저버리게 하고, 상대방을 실망하게 만들어.

73

바꿔 말하기 연습 ①
상대방의 생각에 맞장구치자!

잘 읽었어!
네가 좋아할 만한 이야기더라.

맞아!
특히 여기가 재밌어.

바꿔 말하기 요령
상대방이 어떤 마음으로 자신이 좋아하는 것을 권했을지 헤아려 주자. 마음을 알아주기만 해도 기뻐할 거야.

선생님의 한마디

상대방의 권유와 친절함을 거부하지 말자

네가 좋아하는 만화책을 다른 친구에게 추천한다면 어떤 마음으로 추천할 것 같아? 내가 제일 좋아하는 만화책을 많은 친구가 읽었으면 하는 마음일 수도 있고, 친구들이랑 서로 느낀 점을 얘기하고 싶을 수도 있어. 또, '내 취향을 알아주면 좋겠어.', '친구도 이 만화책을 좋아할 것 같아!'처럼 친구를 기쁘게 하고 친구와 더 가까워지고 싶은 마음일 수도 있지.
상대방도 같은 마음으로 권했을 거야. '나한테는 안 맞아.', '흥미

날마다 대화가 즐거워져! 의사소통 능력을 키우는 대화법 **2장**

바꿔 말하기 연습 ②
고맙다는 말을 꼭 덧붙이자!

빌려줘서 고마워.
이런 장르의 만화를 좋아하는 사람은 이 책에 푹 빠져들 것 같아!

정확해! 독특한 설정인데, 그게 또 재미있다니까!

바꿔 말하기 요령
자신의 의견을 직접적으로 말하지 않고 생각을 전하는 방법이 있어. "인기 있는 이유를 알겠어!", "요즘 이게 화제던데?" 등 여러 표현을 생각해 보자.

가 안 생기네.'와 같은 생각을 그냥 "별로야!"라고 말해 버리면 친구의 마음을 무시하는 것이 되고 말아.
먼저 만화책을 추천해 주고 빌려줘서 고맙다는 마음을 전하고 긍정적인 느낌을 말해 봐. 서로 느낀 점을 주고받으면 더 즐거울 거야. 그렇다고 상대방에게 억지로 맞추지는 않아도 돼. 여러 관점에서 할 수 있는 말을 생각해 보자.

75

바꿔 말하기 도전!

자리를 양보해 주었는데 "아니, 됐어."라고 말했다

도서관에서 자리를 찾고 있는데 모르는 친구가 자리를 양보해 주었어요. 하지만 나중에 올 친구 자리까지 같이 찾고 있었기 때문에 "아니, 됐어!" 하고 말했더니 머쓱한 표정을 지었어요.

> 아니, 됐어!
> **나쁜 말투**

상황을 자세히 설명하자!

> 친구하고 같이 앉으려고 두 자리를 찾고 있어. 일부러 양보해 주었는데 미안해.

> 고마워. 근데 친구 자리까지 필요해서 좀 더 찾아볼게.

설명
모르는 사람이 친절하게 대해 주면 왠지 쑥스러워서 말이 제대로 안 나올 수 있어. 그러나 모르는 사람일수록 사정을 자세히 설명하는 것이 좋아.

날마다 대화가 즐거워져!
의사소통 능력을 키우는 대화법

2장

과자를 권하는데 "필요 없어."라고 말해 버렸다

소풍 가는 버스 안에서 옆에 앉은 친구가 "먹을래? 맛있어." 하며 과자를 권했어요. 그런데 제가 먹으면 안 되는 재료로 만든 과자라서 필요 없다고 쌀쌀맞게 말하는 바람에 사이가 서먹해졌어요.

 **나쁜 말투**

> 필요 없어.
> 난 그거 안 먹어.

"고마워!"를 꼭 덧붙이자!

> 우아, 고마워!
> 그런데 그 과자에
> 내가 먹으면 안 되는 게
> 들어 있어서
> 먹을 수가 없어.

> 고마워. 그런데 내가
> 알레르기가 있어서
> 먹을 수가 없어.
> 대신 내 과자
> 같이 먹을래?

 **설명**

어쩔 수 없는 이유가 있더라도 쌀쌀맞고 억센 말투를 쓰면 거부당했다는 인상이 강해져. 먼저 고맙다는 말로 인사를 하고 한 박자 쉬었다가 사정을 말하는 게 좋아.

77

친구의 실수를 무심하게 지적했다

다독여 주려고 했다

돼지에게 난처한 일이 생긴 모양이었다. 기린이 가 보니 돼지 발밑에 깨진 도자기 조각들이 흩어져 있었다. 돼지는 실수로 도자기를 깨뜨렸는지 어쩔 줄 몰라 하는 모습이었다.
기린은 걱정이 되어 "뭐 한 거야?" 하고 말을 건넸지만, 돼지에게는 실수한 자기에게 화를 내는 것처럼 들렸다. 기린은 돼지가 다치지 않았는지 확인하고 싶었지만, 돼지는 실수를 추궁당하는 느낌이 들어 말이 나오지 않았다.

날마다 대화가 즐거워져! 의사소통 능력을 키우는 대화법 **2장**

기린이 하고 싶었던 말

"뭐 한 거야?"라고 말했지만

돼지가 자신의 실수에 놀라 당황한 것 같아서 "괜찮아?" 하고 달래 주고 싶었다.

돼지에게는 이렇게 들렸다

"무슨 짓을 한 거야!"

실수를 저질러 머리가 하얘진 상태인데 갑자기 말을 거니 '이런 일을 저지르면 어떡해!' 하고 화를 내는 것처럼 느껴졌다.

> 왜 다를까요?
> 선생님, 알려 주세요!

"뭐 한 거야?"라고 질문한 것은 상대방에게 상황 설명을 듣고자 하는 거야. 그런데 난처할 때, 허둥대고 있을 때는 자신의 상황을 논리정연하게 정리해서 말하기가 어렵지. 스스로도 실수했다고 생각하고 있는데 저런 질문을 받으면 더욱 당황해 말이 제대로 나오지 않을 거야.

바꿔 말하기 연습 ①
걱정하는 마음을 전하자!

괜찮아? 다치지 않았어? 어떻게 된 거야?

다치지는 않았는데 어떡하지….

당황했을 때는 상대방의 질문에 어떻게 답해야 할지 생각할 여유가 없어. 하지만 자신을 걱정해 주는 말을 들으면 정신을 차리게 되지.

곤란해하고 있을 땐 안심할 수 있는 말을 전하자

선생님의 한마디

곤란한 일이 생겼을 때는 차분하게 생각할 여유가 없어져. 왜 그랬는지 원인이나 사정을 아는 것도 중요하지만 우선 상대방을 안심시키고 진정시킬 수 있는 말을 건네는 게 좋아. 힘이 빠져 있는 친구에게 어떻게 된 거냐고 일이 벌어지게 된 상황을 묻기보다는 괜찮냐고 먼저 묻는 거지. 걱정하는 마음이 전해지면 대화가 한결 쉬워질 거야.

기운이 빠져서 움직이지 못하는 사람에게는 "누군가를 불러올까

바꿔 말하기 연습 ②

"진정해."라고 말하자!

놀랐겠다. 마음 가라앉히고, 어떡하면 좋을지 같이 생각해 보자.

고마워.

바꿔 말하기 요령

"안심해.", "진정해.", "괜찮아."와 같은 말을 먼저 건네면 상대방도 마음을 가라앉히고 생각할 여유를 찾을 수 있을 거야.

요?" 하고 말을 건네고, 앞이 안 보이는 사람이나 나이 드신 분이라면 가까이 다가가 "도와드릴까요?" 하고 말을 건네면서 도움이 되고 싶어 하는 마음을 전해 봐.
예상치 못한 일이 일어나면 당황스럽겠지만 그럴 때일수록 먼저 침착하게 상대방의 상황을 살피고 배려하는 말을 하는 게 좋아.

바꿔 말하기 도전!

무슨 일이냐고 물었더니 갑자기 울기 시작했다

슬픈 표정을 짓고 있는 친구에게 "왜 그래? 무슨 일 있었어?" 하고 계속 물었더니 울음을 터뜨리고 말았어요. 키우던 꽃이 시들어 죽었는데 자기 책임이라고 생각한 것 같아요.

> 왜 울어?
> 말을 해야 알지.

나쁜 말투

다정하게 다가가자!

> 기운이 없어 보이는데 혹시 무슨 일이 있었는지 말해 줄 수 있어?

> 괜찮아? 무슨 슬픈 일이라도 있었어?

설명

처음에는 꽃이 시들어 죽은 것이 슬펐는데, 자꾸 물으니 책임감이 느껴졌을 거야. '나 때문에 죽은 거야.' 하는 생각이 점점 커진 거지. 이유를 계속 묻지 말고 상대방이 말할 때까지 기다려 주는 것도 중요해.

다시 생각하는 게 좋겠다고 말하고 싶었다

학교에서 캠핑을 갔는데, 친구가 아끼는 열쇠고리를 잃어버려 어쩔 줄 몰라 하고 있었어요. 다른 친구가 지금 당장 찾자고 말했지만 곧 해가 질 것 같았어요.

나쁜 말투: 응? 지금부터 찾자고?

상황을 정리해서 제안하자!

잠깐만! 해도 지고 있으니까 내일 하자!

모두 진정해! 우선 선생님께 말씀드리고 어떻게 할지 생각해 보자.

설명: 큰일이 생겼을 때 불안해하는 소리를 들으면 주변 사람에게도 그 불안이 퍼져 나가 냉정한 판단을 할 수 없게 돼. 하지만 침착한 사람이 있으면 모두 안심할 수 있단다.

부탁을 거절해서
친구를 실망시켰다

이유가 있어서 거절했다

원숭이한테 "부탁할 게 있는데…."라는 말을 들은 토끼. 혼자 다 먹기 어려울 만큼 바나나가 많이 열렸으니 좀 가져가 달라는 거였다. 하지만 어디나 바나나가 풍작이어서 토끼는 여기저기서 이미 바나나를 얻은 상태였다. 더 이상 바나나를 받을 수가 없어 원숭이에게 안 된다고 말했다. 토끼가 바나나를 좋아할 거라고 생각했던 원숭이는 "필요 없어!"라는 말을 듣자 실망했다.

2장 날마다 대화가 즐거워져! 의사소통 능력을 키우는 대화법

토끼가 하고 싶었던 말

"**필요 없어!**"라고 말했지만

부탁을 들어주고 싶지만 다 먹을 수도 없는데 받는 건 오히려 미안한 일이라고 생각했다. 친구니까 솔직하게 거절한 것이다.

원숭이한테는 이렇게 들렸다

"**귀찮은 부탁 좀 하지 마!**"

당연히 부탁을 들어줄 거라고 생각했는데 이유도 모른 채 거절당하니 서운하기도 하고, '귀찮은 부탁을 했나?' 싶어서 마음이 영 불편했다.

왜 다를까요? 선생님, 알려 주세요!

친구의 부탁을 들어주고 싶지만 아무리 해도 들어줄 수 없을 때도 있지. 하지만 무턱대고 거절하면 친구는 자신이 싫어서 거절하는 거라고 생각할지도 몰라. 어떻게 말해야 부탁을 들어줄 수 없는 사정을 잘 전할 수 있을지 생각해 보자.

바꿔 말하기 연습 ①

내 상황을 설명하자!

실은 이미 다른 데에서 다 먹을 수 없을 만큼 많이 받았어.

그래? 다들 같은 상황이구나!

바꿔 말하기 요령
'실은'이라는 말은 상대방이 모르는 사실이나 말하기 어려운 사정을 말할 때 유용하게 쓸 수 있어. 상대방도 마음의 준비를 할 수 있으니 사용해 보자.

선생님의 한마디

같이 생각해 봄으로써 상대방에게 힘이 되어 주자

친구가 도움을 청하는 것은 네가 도와주기를 바라는 거야. 그런데 아무리 부탁을 들어줄 수 없는 상황이라도 거부하는 듯한 말만 하면 실망하겠지. 더구나 '친구도 좋아하겠지.' 하고 기대할 때는 거절하는 말투에 따라 더욱 실망할 수도 있어. 이럴 땐 앞에서도 설명했듯이 감사나 사과의 말을 덧붙이는 게 좋아.
그리고 '바꿔 말하기 연습②'처럼 다른 해결 방법을 같이 생각하는 보는 것도 시도해 보자. 직접 도와줄 수는 없지만 다른 방법

> 날마다 대화가 즐거워져! 의사소통 능력을 키우는 대화법

2장

바꿔 말하기 연습 ②

다른 해결 방법을 같이 말하자!

> 미안!
> 우리 집에도 이미 너무 많아서.
> 필요한 친구가 있는지 같이 찾아볼까?

> 그래 주면 좋지!
> 고마워!

바꿔 말하기 요령: 상대방의 부탁을 들어줄 수 없을 때는 무턱대고 거절하지 말고 다른 해결 방법이나 달리 도와줄 방법이 있을지 같이 고민해 보는 것도 좋아.

으로 힘이 되어 줄 사람이 있으면 그 사람과 의논해 보는 것도 좋아.

어려운 일이 생겼을 때 같이 고민해 주는 누군가가 있으면 아주 든든할 거야. 비록 직접 부탁을 들어주지 못해도 힘이 되어 줄 수 있음을 알아 두자.

바꿔 말하기 도전!

선생님이 부탁하신 일에 "못 해요!"라고 말했다

수업이 끝난 후, 선생님이 "원숭이 좀 오라고 해 줄래?"라고 부탁하셨어요. 바로 집에 가야 하는 상황이라 "못 해요!"라는 말만 남기고 집으로 와 버렸어요. 선생님 화나셨겠죠…?

안 돼요!

나쁜 말투

이유를 설명하자!

곧장 집에 가야 해서요. 죄송해요. 원숭이는 도서실에 있을 거예요.

집에 일이 있어서 바로 가야 해서요. 다른 친구 시키시면 안 될까요?

설명

시간이나 여유가 없을 때는 아무래도 설명이 부족하기 쉽지. 간단해도 좋으니 상대방에게 사정을 설명하자. 그리고 상대방이 부탁한 내용에 대해 알고 있는 것이 있다면 알려 주자.

길을 묻는 사람에게 "몰라요."라고 말했다

학교에서 돌아오는 길에 한 할머니를 만났어요. 병원 가는 길을 물으셨는데 "몰라요!" 하고 그냥 지나쳐서 집에 돌아와 버렸어요. 할머니가 병원을 잘 찾아가셨을까요?

미안한 마음을 전하자!

죄송해요. 모르는 사람하고 이야기하지 말라고 배워서요. 다른 어른에게 물어보시겠어요?

죄송해요, 저도 그 병원이 어디에 있는지 잘 모르겠어요. 저 가게에 물어보시면 어떨까요?

설명

물론 내가 모르는 것을 대답해 줄 수는 없어. 하지만 도움이 되지 못해 미안한 마음을 전하면 서로 불편한 마음이 남지 않을 거야. 누구에게나 예의 있고 배려하는 마음으로 대하자.

동의를 구하는 친구에게 공감할 수 없어서 난처했다

공감이 안 된다고 말하고 싶었다

강아지는 고양이와 취향이 맞지 않을 때가 있다. 무리하게 맞추는 것도 내키지 않지만 그렇다고 안 맞는다고 말하는 것도 미안해서 어떻게 반응하면 좋을지 늘 고민이다.

오늘도 고양이가 "귀엽지?" 하고 동의를 구하는데 "그런가?" 하고 얼버무리고 말았다. 마음이 불편해진 강아지는 화제를 바꾸고 싶지만 무슨 말을 해야 좋을지 몰라 입을 다물었다. 그러자 고양이는 강아지에게 벌거숭이두더지쥐가 왜 귀여운지 더 자세히 설명하기 시작했다.

2장
날마다 대화가 즐거워져!
의사소통 능력을 키우는 대화법

강아지가 하고 싶었던 말

"그런가?"라고 말했지만

공감이 잘 안 되어서 다른 얘기를 하고 싶은 마음에 얼버무린 거였다.

고양이에게는 이렇게 들렸다

"아직 잘 모르겠는데?"

애매한 대답을 들었기 때문에 조금 더 잘 설명하면 자신과 같은 마음이 될 거라고 기대했다.

왜 다를까요? 선생님, 알려 주세요!

"너도 그렇게 생각하지?" 하고 상대방이 자신과 같은 기분이나 생각인지 확인하는 것을 '동의를 구한다'라고 해. 그런데 생각이 다르거나 전혀 공감이 되지 않는데 저런 질문을 받으면 좀 난처할 거야. 아니라고 말하기 미안해서 애매하게 대답하면 상대방은 자신의 마음을 알아줄 거라고 기대하게 되지.

바꿔 말하기 연습 ①
자신의 의견을 말하자!

나는 귀엽기보다
오히려 재미있다고 생각했어.

뭐? 재밌다는 사람은 처음이야.
어디가 재미있는지 알려 줘!

바꿔 말하기 요령

상대방의 의견과 다르지만 너도 긍정적으로 생각한다면 그 의견을 전해 봐. 그러나 긍정적으로 생각하지 않는다면 굳이 말하지 않아도 괜찮아.

선생님의 한마디

의견 차이를 분명히 하지 않아도 된다

서로 의견을 말하고 같은 마음인 것을 확인하며 무슨 말이든 할 수 있는 관계를 만드는 것은 아주 중요해.
하지만 자신의 생각이나 기분을 강요하거나 억지로 동의를 구하는 것은 좋지 않아. 게다가 상대방과 가치관이 다르다고 이러쿵저러쿵한다거나 반대로 상대방에게 일방적으로 맞추는 것도 자연스럽지 않지.
특히 앞으로 문자 메시지나 이메일, SNS로 소통할 일이 많아지면

바꿔 말하기 연습 ②
새로운 화제를 꺼내자!

이런 캐릭터 좋아하는구나?
그럼 요즘 새로 나온 이 캐릭터는 어때?

나도 이 캐릭터 알아!
너 이 캐릭터 좋아해?

바꿔 말하기 요령
대화 내용이 마음에 들지 않으면 과감하게 화제를 바꿔 봐. "그러고 보니", "그렇다면" 등의 말을 넣으면 자연스럽게 화제를 바꿀 수 있어.

글자만으로 마음을 전해야 하는 어려움이 생길 거야. 가벼운 마음으로 쓴 글을 주위에서 퍼 날라서 문제가 생길 수도 있어. 상대방과 의견이나 생각이 다르다면 다른 대로 받아들이면 돼. 굳이 무리하게 반응하지 마. 다양한 이야기를 나누다 보면 그 속에서 서로 좋아하는 것이나 즐거워하는 일을 발견할 수 있을 거야. 다른 점만 바라보지 말고 공통점을 찾는 것도 중요해.

바꿔 말하기 도전!

다른 친구들이 다투는데 끼어 버렸다

세 명이 한 모둠이 되어 만들기를 하는 수업이었어요. 다른 두 친구가 뭘 만들지 옥신각신하더니 저에게 "너는 누구 편이야?" 하고 물었어요. "글쎄…." 하고 대답했다가 그 싸움에 저까지 끼게 됐어요.

글쎄….

나쁜 말투

자신의 의견을 말하자!

나도 만들고 싶은 게 있어. 우리 각자 하고 싶은 거를 말한 뒤에 정하면 어때?

셋이 협력해서 만들어야 하니까 차분하게 얘기해 보자.

설명

협력해서 해야 할 일을 의논하다 보면 의견이 부딪치는 경우도 생기게 마련이지. 그럴 때는 차분하게 셋 이외의 다른 사람의 의견을 들어 보자. 다른 사람 의견도 들어 보면 좋은 결론이 나올 거야.

친구와 싸우다가 "듣고 싶지 않아!"라고 말했다

친구와 대화하던 중 사소한 의견 차이가 생겼어요. 나는 이렇게 생각한다, 난 그렇게 생각하지 않는다 하며 옥신각신하다가 "더 이상 듣고 싶지 않아! 갈래!"라고 말한 뒤 친구를 두고 왔어요.

나쁜 말투: 더 이상 듣고 싶지 않아! 나, 갈래!

이야기를 잠깐 미뤄 두자!

- 미안, 좀 흥분한 것 같아. 이 얘기는 잠시 미뤄 두자.
- 잠깐만! 일단 진정하고 나중에 다시 얘기하자.

설명: 더러 친구와 다툼이 생길 수도 있지만 화해하지 않은 채 헤어지는 건 피해야 해. 흥분했을 때는 생각지도 않게 마음에 없는 말이 튀어나올 수 있어. 이럴 땐 서로 머리를 식힐 수 있게 시간을 갖자고 제안하자.

부모님의 걱정을 냉정하게 뿌리쳤다

혼자서 하고 싶다고 말하고 싶었다

호랑이가 끙끙거리며 만들기 숙제를 하고 있었다. 옆에서 지켜보던 엄마가 "괜찮니? 도와줄까?" 하고 걱정스레 말했다. 자기 힘으로 완성하고 싶었던 호랑이에게는 엄마의 말이 "너 혼자서는 못 만들어."처럼 들렸다. 마음속으로는 '혼자 할 수 있어요. 제가 마음껏 해 보고 싶어요.'라고 말하려고 했는데, "참견하지 마세요!" 하고 큰 소리를 치고 말았다. 엄마는 더 걱정스러워졌다.

호랑이가 하고 싶었던 말

"참견하지 마세요!"라고 말했지만

'혼자서도 잘 할 수 있는데 왜 걱정하시지?' 하는 서운한 마음에 엄마한테 대들었다.

엄마한테는 이렇게 들렸다

"듣기 싫어요! 상관하지 마세요!"

냉정하게 뿌리치는 말투를 들으니 자신의 행동뿐만 아니라 아예 자신을 거부하는 느낌이 들어 걱정되면서도 서운했다.

왜 다를까요? 선생님, 알려 주세요!

자기가 바라는 일이나 의견을 말하는 것을 '자기주장'이라고 해. 성장하면서 점점 더 중요해지지만, 상대방의 마음을 무시하고 자기주장만 밀어붙이는 것은 어린아이들이 하는 응석 부리기와 다르지 않아. 상대방에 대한 고마운 마음을 잊지 말고, 자신의 의지를 펼칠 수 있는 말투를 생각해 보자.

바꿔 말하기 연습 ①
마음 써 줌에 감사하자!

걱정해 줘서 고마워요.
그런데 혼자 해 보고 싶어요.

알았어!
힘내!

바꿔 말하기 요령
마음먹은 대로 잘 안 될 때는 조바심이 날 거야. 하지만 주위에서 마음 써 주고 걱정해 주는 것은 너에 대한 응원이기도 하단다.

선생님의 한마디

뭐든 혼자 해내려고 너무 애쓰지 말자

하고 싶은 일이 생각대로 잘 되지 않거나 자기 생각이 다른 사람에게 잘 전달되지 않을 때는 마음이 조급해지고 주위 사람들의 배려도 알아차리지 못하는 경우가 많아. 그래서 참견한다거나 화를 낸다고 느껴지고, 내 뜻대로 하게 내버려뒀으면 좋겠다고 생각하게 되지.
그럴 때는 우선 마음을 가라앉히고 혼자 도전해 보고 싶다고 말해 보자. 내 힘으로 해 보고 싶다는 마음을 전하면 주위 사람들도

날마다 대화가 즐거워져! 의사소통 능력을 키우는 대화법 **2장**

바꿔 말하기 연습 ②
상대방을 안심시키자!

괜찮아요! 걱정시켜 드려 죄송해요. 우선 제 힘으로 해 보고 도움이 필요할 때 말씀드릴게요.

알았어.
언제든 좋으니까 의논하렴.

바꿔 말하기 요령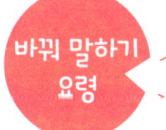
먼저 상대방이 걱정하는 마음을 잘 알고 있음을 전하자. 상대방을 안심시킴으로써 본인도 자기 일에 집중할 수 있어.

응원해 줄 거야.
혹시 주위 사람의 도움이 필요하다면 도움을 청해도 괜찮아. "정말 어려울 때 도와줘." 하고 말해 놓으면, 네가 현재 무리하거나 혼자서 힘들어하고 있지 않다는 것을 뜻할 뿐만 아니라 정말 곤란할 때 도움을 청하기 쉬워져.

바꿔 말하기 도전!

걱정해 주는 친구에게 투정을 부렸다

오래달리기 연습을 하던 중 숨이 차 무리에서 뒤처지고 말았어요. 친구가 걱정스러운 마음에 속도를 늦추면서 저에게 괜찮냐고 물었는데, "됐으니까 먼저 가!" 하고 말한 게 후회돼요.

> 됐으니까 먼저 가!

나쁜 말투

마음 써 줌에 감사하자!

> 숨이 조금 찬 것뿐이야. 난 괜찮으니까 원래 네 속도대로 달려도 돼.

> 걱정해 줘서 고마워. 나는 천천히 달릴 테니까 너 먼저 가.

설명

주위에서 마음 써 주는 것은 기쁘지만 자기는 괜찮다고 생각할 때는 그런 마음을 잘 표현하는 것이 좋아. 되받아치지 말고 네가 어떻게 하고 싶은지 차분하게 말해 봐. 물론 감사 인사도 잊지 말고.

도전해 보고 싶어서 "그냥 내가 할래!" 하고 말했다

저는 사람들 앞에 서면 긴장하는 성격이에요. 하지만 이번에는 준비를 충분히 했다고 생각해서 모둠 발표를 맡겠다고 했어요. 다들 걱정하는데 "그냥 내가 할래!" 하고 말했어요.

나쁜 말투

> 그냥 내가 할래!

상대방을 안심시키자!

> 이 발표는 자신 있어. 연습도 많이 했어. 한번 봐 줄래?

> 다들 걱정하는 거 알아. 하지만 이번에는 발표해 보고 싶어. 나한테 맡겨 줘.

설명

주위의 의견에 귀를 막고 그저 하고 싶다고만 말하는 것으로는 다른 사람들의 걱정을 가라앉힐 수 없지. 충분히 생각하고 준비했음을 잘 알리면 모두 마음 놓고 도울 일이 없을까 함께 생각해 줄 거야.

친구의 낡은 신발을 안 좋게 말해 버렸다

보이는 대로 말했다

나무늘보는 치타가 신고 있는 신발을 보고 "꽤 오래 신었나 봐."라고 말했다. 전에도 본 적은 있지만, 다시 보니 낡아 보여서 새 신발이 필요할 때가 된 것 같다고 생각한 것이다.
하지만 치타는 자신이 제일 좋아하는 신발을 그렇게 말하니 서운한 마음이 들었다. 그래서 "그렇게 낡아 보여? 이상해?" 하고 물었다. 나무늘보는 별 뜻 없이 한 말이었는데 치타의 반응을 보고 자기 말투가 잘못되었다는 것을 깨달았다.

날마다 대화가 즐거워져! 의사소통 능력을 키우는 대화법

2장

나무늘보가 하고 싶었던 말

> "꽤 오래 신었나 봐."라고 말했지만
>
> 낡았다든가 이상하다는 말을 하고 싶었던 것이 아니라 "이제 새 신발로 바꿀 거야?" 하고 물어보려던 것이었다.

치타한테는 이렇게 들렸다

> "신발이 낡아서 없어 보여."
>
> "신발이 해져서 이상하니 신발 하나 새로 사."라는 말로 들려서 다른 사람들에게도 그렇게 보일까 봐 불안해졌다.

왜 다를까요? 선생님, 알려 주세요!

네 눈에는 낡아 보이는 물건이라도 상대방이 그 물건을 어떻게 생각하고 있는지 모르잖아. 본 대로, 느낀 대로 말하는 데는 주의가 필요해. 특히 옷이나 소지품은 소중한 사람한테 받았다거나 하는 등의 의미가 있을 수 있거든. 저마다 아주 각별한 사정이 있을 수도 있으니 주의해야 해.

103

바꿔 말하기 연습 ①
관점을 바꿔 보자!

되게 알뜰하구나!

고마워!
신발이 너무 편해서!

바꿔 말하기 요령

물건을 아끼고 소중히 다루는 것을 알뜰하다고 해. 특별한 추억이 깃든 물건을 알뜰히 사용하는 사람은 자신만의 '멋'을 아는 멋스러운 사람이야.

선생님의 한마디

바꿔 말하는 능력은 평소 마음가짐으로 좋아진다

내가 보고 느낀 것과 다른 사람이 보고 느끼는 게 똑같지 않아. 머리로는 이런 사실을 알고 있어도 '절대로 내가 맞아!'라고 착각하는 경우가 있어. 전혀 다른 의견을 가진 사람을 만나 놀라는 일도 있지.

앞으로 자라면서 너의 생각이나 의견이 바뀌어 갈 거야. 더욱이 인간관계가 넓어지면 더 다양한 생각을 가진 사람들도 만나게 되겠지. 그러다 보면 네가 느끼는 것을 있는 그대로 말로 전할 때

바꿔 말하기 연습 ②
"혹시"라고 말하자!

> 혹시 그 신발 의미 있는 거야?

> 맞아!
> 축구 대회에서 우승한 기념으로 받은 거라 자꾸자꾸 신고 싶어.

바꿔 말하기 요령
"혹시"라고 덧붙여 말하면, '나한테는 이렇게 보이는데 맞아?'라는 의미를 담을 수 있어. 무슨 일이든 처음부터 단정 짓지 않는 것이 중요해.

난처한 일이 생길 수 있어.
자신의 생각이나 의견을 가지는 것은 중요해. 하지만 다른 사람에게 말하기 전에 상대방은 어떨지, 이렇게 말하면 어떻게 생각할지 헤아려 봐야 해. 이런 생각을 자주 하면 바꿔 말할 표현이 풍부해지고 서로 마음이 편안한 대화를 할 수 있게 될 거야.

바꿔 말하기 도전!

축구 교실 선생님을 한 번 보고 무서울 것 같다고 단정 지었다

친구가 다니는 축구 교실에 놀러 갔어요. 코치 선생님이 엄하게 지도하는 것을 보고 친구에게 무서울 것 같다고 했더니, 친구가 "좋은 분이야. 함부로 말하지 마!" 하고 화를 냈어요.

> 어쩐지 무서울 것 같아….

나쁜 말투

상대방의 생각을 확인하자!

> 코치님 어때?
> 친절하셔?
> 아님 무서우셔?

> 코치님이 되게
> 엄하시다.
> 늘 이런 느낌이셔?

설명

"친절하셔? 아님 무서우셔?"와 같이 선택지를 주면 생각의 차이를 확인하기 쉬워. 상대방의 좋은 점을 찾거나 '엄하게 가르쳐서 무서워 보이나?' 하고 긍정적으로 바라보는 것도 중요해.

남들이 하는 말만 믿고 친구에게 상처를 주었다

어느 날 학교에 가니 친구가 어떤 아이를 좋아한다고 모두 수군대고 있었어요. 때마침 학교에 온 그 친구에게 가서 "너 ○○○ 좋아한다며?" 하고 물으니 잔뜩 화난 표정으로 아무 말도 하지 않았어요.

○○○ 좋아한다며?

소문을 믿지 말자!

애들이 네 얘기하는 것 같은데 괜찮아? 내가 도와줄 일이 있으면 말해 줘.

실은, 나도 소문을 들었어…. 사실이 아니면 수군대지 못하게 하는 게 좋을 것 같아.

설명

소문의 주인공이 되는 것만으로도 마음이 불편할 텐데 친구까지 소문을 그대로 믿어 버리면 서운하겠지. 힘들어하는 친구에게 도움이 되겠다고 말하면 든든해 할 거야.

3장

긍정적으로 바라보는 태도를 익히자!

칭찬할 점 찾기 연습

긍정적인 표현을 하기 위해서는 좋은 점을 바라보는 자세가 중요해.
칭찬할 점 찾기의 달인이 되면 바꿔 말하기 능력도 향상할 거야!

선생님, 여기서는 뭘 배워요?

너도 누군가를 칭찬해 본 적이 있겠지만, 칭찬받는 것은 매우 기쁜 일이야. 여기서는 대화 상대나 물건의 좋은 점, 즉 칭찬할 점을 찾는 방법을 배울 거야. 칭찬할 점을 찾으면 저절로 긍정적으로 바꿔 말할 수 있게 된단다. '칭찬할 점 찾기'의 달인이 되어 보자!

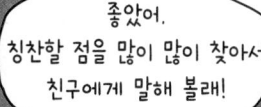

좋았어. 칭찬할 점을 많이 많이 찾아서 친구에게 말해 볼래!

친구의 패션 센스를 칭찬하자!

옷이나 모자, 신발 등은 상대방이 하나하나 다 마음에 들어서 착용한 것이니 듬뿍 칭찬하자.

칭찬할 점 찾는 방법

● **전체적인 인상 칭찬하기**
너의 취향을 말하거나 사소한 지적을 하지 말고 "귀여워.", "멋있어.", "어울려." 등 전체적인 인상을 칭찬하자.

● **특징 찾아보기**
색이나 무늬, 강조한 부분 등 특징을 찾아봐. 잘 모르겠다면 네

강조한 부분도 칭찬하자

전체적인 스타일에 "멋있어!", "귀여워!" 하고 칭찬받으면 기쁠 거야. 거기에 "센스가 좋아!"라든지 "잘 어울려!" 등의 말을 덧붙이면 더 좋아하겠지. 인상이 달라진 부분이나 특히 신경을 쓴 부분을 찾아서 "여기가 특히 멋있어!", "이 부분이 좋아!" 하고 말해 보자.

선생님! 칭찬할 때 핵심은요?

그 색깔, 너한테 진짜 잘 어울려!

심플하고 센스 있는 걸 골랐네.

멋있어! 발랄한 너한테 딱이야!

가 옷을 고를 때 무엇을 보는지 떠올려 보면 쉬워. 색이 멋있다든지, 스타일이 잘 드러난다든지, 등에 리본이 달려 있는 게 멋지다든지와 같이 옷을 고른 이유가 있을 거야. 그걸 찾아내면 '나한테 관심이 있구나.', '내가 왜 골랐는지 알아봐 주네.' 등등 상대방이 기뻐할 거야.

● '패션 조합'에 주목하기

코디네이션의 줄임말인 코디는 전체 조합이나 밸런스를 말해. "코디 진짜 잘한다!"라는 말은 최고의 칭찬이야!

> **칭찬해 보자!** 함께 놀이공원에 가기로 한 날, 친구가 모자를 쓰고 왔어요. 최근에 선물받았대요. 모자가 어울리는지 신경이 쓰였는지 친구가 "모자 어때? 어울려?" 하고 물었어요.

색깔 예쁘다!

흰색이나 회색, 검은색과 같은 무채색이라면 "어른스럽네.", 빨간색이나 노란색이라면 "발랄해 보여." 등 색을 이용해 칭찬할 수 있는 표현이 많아.

잘 어울려!

새로운 것을 시도할 때는 두근두근 긴장하기 마련이야. 불안한 마음을 달래 주기 위해 긍정적인 말로 칭찬하자.

실용성 있네!

모자나 신발은 기능도 중요해. "차양이 넓네!", "달릴 때 편하겠어!"와 같이 기능적인 장점에도 주목해 보면 좋아.

너한테 딱이야! 선물해 준 사람 센스 있네!

모자를 선물해 준 사람의 센스를 칭찬하면 상대방도 덩달아 으쓱할 거야.

설명  다른 사람이 골라 주거나 선물받은 것을 더 소중히 여기는 사람도 많아. 받는 사람이 기뻐하면 좋겠다는 마음으로 선물했을 테니까 말이야. 그러니 선물을 준 사람의 마음까지 헤아리면 좋겠지.

긍정적으로 바라보는 태도를 익히자!
칭찬할 점 찾기 연습

3장

칭찬해 보자!

원숭이는 친구의 피아노 연주회를 보러 갔어요. 드레스를 차려입은 친구가 너무 예쁘다고 말하고 싶었지만, 평소 스타일과 달라 어떻게 칭찬해야 할지 모르겠대요.

화려하네!

연주회용 드레스처럼 특별한 경우에 입는 옷은 보통 '화려한'이라는 말이 잘 어울려.

드레스가 네 매력을 더 돋보이게 하는 것 같아!

'돋보인다'라는 말은 다른 것과 확실히 달라서 눈에 띈다는 뜻이야. 원래 있던 매력이 아름다운 드레스를 입어 더욱 눈에 띈다는 말이지.

디테일이 살아 있어!

디자인에 신경을 쓴 옷이라면 세세한 부분까지 눈여겨봐. 자수나 레이스와 같은 장식, 단색 티셔츠에 달린 귀여운 동물 장식처럼 차별화된 특징을 찾아보자.

설명

패션을 칭찬할 때는 옷이나 액세서리뿐만 아니라 그것을 착용하고 있는 사람에게도 할 수 있어. 패션에 대해 잘 몰라도 그냥 본인이 느낀 인상이나 기분을 긍정적인 말로 표현해 보자.

인상을 바꾼 헤어스타일을 칭찬하자!

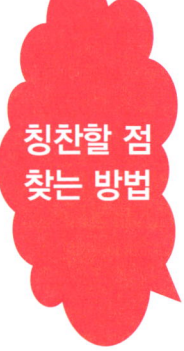

칭찬할 점 찾는 방법

키가 자랐다거나 몸집이 커졌다거나 날씬해졌다는 등의 신체적 특징 또는 겉모습의 변화에 대해 상대방에게 직접적으로 말하거나 질문하는 것은 매우 실례되는 일이야. 상대방을 불쾌하게 하거나 마음 상하게 하는 말을 하는 것도 일종의 괴롭힘이야. 절대로 해서는 안 되는 일이지.

머리 모양을 바꾼 것을 상대방이 스스로 주위에 말하면 그때 "헤어스타일 바뀌었구나!" 하고 관심을 보이면 돼.

3장 긍정적으로 바라보는 태도를 익히자! 칭찬할 점 찾기 연습

상대방의 변화를 알아차리고 새로운 시도를 칭찬하자

머리 모양에 변화를 주는 것으로 쉽게 기분 전환이나 새로운 자신을 표현할 수 있어. 머리 모양이 바뀌면 분위기가 크게 달라지지. 바뀐 모습에 놀라거나 변화를 준 이유를 물어보지 말고, 바뀐 것을 알아준 다음 새로운 스타일에 도전한 것을 칭찬하자.

선생님! 칭찬할 때 핵심은요?

분위기 바꿨네? 좋아 보여!

말쑥해졌네. 산뜻한 느낌이야!

새로운 스타일에 도전했구나! 활기차 보여!

● **애매한 말 안 하기**

"뭔가 달라졌네?", "머리 모양 바꿨구나. 괜찮은 것 같은데?"와 같이 애매하게 말하면 상대방은 '하고 싶은 말이 뭐지? 이상하다는 건가?' 하고 불안해해.

● **'긍정적인 인상'을 표현하는 말을 많이 익혀 두기**

'귀엽다', '멋있다' 이외에도 '상냥해 보인다', '믿음직스러워 보인다', '어른스럽다', '스타일리시하다' 등등 긍정적인 인상을 표현하는 말이 많이 있어. 평소 주위 사람들이 쓰는 말에도 관심을 기울여 보자.

115

칭찬해 보자!

평소 까불까불한 원숭이가 운동회 응원단장으로 뽑혔어요. 토끼는 야무진 표정으로 연습에 집중하는 원숭이가 멋있었어요. 그런데 평소와 다른 진지한 모습을 어떻게 칭찬해야 할지 고민된대요.

딴사람인 줄 알았어! 멋있어!

새로운 것을 하려면 본인도 조금 쑥스러울지 몰라. 평소와 다르지만 지금 모습도 보기 좋다고 말하면서 응원해 주자.

진지한 모습도 멋있네!

까불거리고 웃기기만 한 친구라고 생각했기 때문에 평소와 다른 모습을 보았을 때 뭐라고 말해야 할지 고민이 됐을 거야. 노력하는 모습, 진지하게 집중하는 모습이 좋아 보인다고 말해 보자.

기합이 바짝 들어갔네!

정신을 집중한 채 일에 몰두하는 기세를 '기합'이라고 해. "열심이구나!", "열정적이네." 같은 표현도 쓸 수 있어.

설명

스스로도 평소와 다르다고 생각하고 있는데 다른 사람이 이런저런 말을 하면 겸연쩍을 수 있어. 말을 건네기 전에 상대방이 어떻게 느끼고 있는지 헤아린 뒤 "지금 모습도 보기 좋아."라고 말해 보자.

긍정적으로 바라보는 태도를 익히자!
칭찬할 점 찾기 연습

3장

칭찬해 보자!

평소 성격이 털털한 친구가 과학실에서 키우는 송사리를 세심하게 돌보고 있는 모습을 보았어요. 친구의 새로운 모습이 너무 멋져 보인다고 말해 주고 싶어요.

세심하구나!

'세심하다'라는 말은 세세한 데까지 마음을 쓰는 걸 의미해. 이런 배려 깊은 마음이 있는 것은 멋진 일이지.

구석구석 손길이 느껴져!

칭찬할 점은 친구뿐 아니라 친구의 손길이 닿은 결과물에서도 찾을 수 있어. 반짝반짝한 수조, 송사리의 활기찬 움직임 등도 잊지 말고 칭찬해 보자.

조화로운 성격이네!

한쪽으로 치우치지 않고 균형이 유지되는 것을 조화롭다고 해. 털털함과 꼼꼼함, 대범함과 섬세함, 어느 한쪽에 치우치지 않은 조화로운 성격을 지닌 것도 그 친구의 장점이야.

설명

사람은 여러 면을 가지고 있어. 차가워 보이는 사람이 남들과 잘 어울리기도 하고, 평소에는 장난기 많은 사람이 진지하게 발표를 하기도 하지. 몰랐던 모습을 긍정적으로 바라보는 시선을 가지는 것이 좋아.

친구가 잘하는 것을 칭찬하자!

칭찬할 점 찾는 방법

스포츠 경기, 합창, 공연 등을 보면 가슴이 뭉클하거나 두근거리기도 하고, 말로 표현할 수 없는 감동을 느끼기도 해. 이런 일은 어른이 되어서도 있지. 그럴 때 "감동을 줘서 고마워!", "용기를 얻었어!"와 같은 말로 칭찬해 보자. 결과뿐만 아니라 여러 관점에서 칭찬해 보는 거야.

● 그 사람의 뛰어남에 주목하기

자기는 할 수 없는 일을 해내는 사람을 보고 대단하다고 느끼

긍정적으로 바라보는 태도를 익히자!
칭찬할 점 찾기 연습

3장

놀라고 감동한 점을 솔직히 전하자

운동이나 노래, 그림 등 내가 잘하지 못하는 일을 잘하는 친구의 멋진 모습을 보았을 때의 놀람과 감동은 그대로 상대방에게 전해져. 세세한 것은 몰라도 괜찮아. 작품이나 행동에 감동받았다는 칭찬만으로도 상대방은 기뻐할 거야. 또한 스스로 "나도 노력 해야지!" 하고 생각하는 계기가 될 수도 있고 말이야.

선생님! 칭찬할 때 핵심은요?

자세 멋있는데?

진짜 열심히 연습했구나!

보고 있는 나도 기분이 좋았어!

게 만드는 모든 것이 칭찬할 점이야.

● 그렇게 되기까지 들인 노력과 시간을 헤아리기

처음부터 잘하는 사람은 많지 않아. 시간을 들여 계속 노력했기 때문에 다른 사람을 놀라게 할 수 있었던 거지. 상대방이 얼마나 노력했을지 상상해 보자.

● 계속해 온 끈기 인정해 주기

결과가 좋고 나쁘고는 본인이 받아들이기 나름이야. 노력을 계속 해 왔다는 것 자체가 멋진 일이지. 그 점을 소중히 여기고 칭찬해 보자.

> **칭찬해 보자!**
>
> 서예를 잘하는 친구가 학교 대표로 대회에 나가게 되었어요. 친구가 대회를 위해 열심히 연습하고 있다는 말을 듣고 친구가 대단하다고 느껴졌어요. 서예도 할 줄 모르는 제가 그 친구를 칭찬하면 이상할까요?

늘 대단하다고 생각해 왔어!

대단하게 느껴지는 사람, 존경스러운 사람에게 솔직하게 마음을 전하는 게 좋아.

연습 열심히 해! 응원하고 있어.

아무리 대단한 사람이라도 대개 좋은 결과가 나왔을 때 주목을 받지. 반대로 평소 노력하는 모습을 지켜보고 격려해 주면 상대방의 마음을 든든하게 해 줄 거야.

대회에 나가다니, 축하해!

커다란 목표를 향해 나아가는 과정이라도 그때그때의 결과를 칭찬받으면 기쁠 거야. 더 큰 목표를 위해 나아갈 힘이 생기는 거지.

설명

칭찬은 부모가 자녀에게, 선생님이 학생에게, 감독이 선수에게만 하는 것은 아니야. 대단하고 멋지다고 느꼈다면 친구든 주위 어른이든 용기를 내어 칭찬해 보자.

긍정적으로 바라보는 태도를 익히자!
칭찬할 점 찾기 연습

3장

 **칭찬해 보자!**

저는 노래하는 것을 좋아해요. 노래를 잘한다고 주위에서 칭찬도 자주 들어요. 어느 날 음악 시간에 친구의 노래를 듣고 깜짝 놀랐어요. 저도 열심히 노래 연습을 하기 때문에 그 친구가 얼마나 잘하는지 알 수 있었거든요.

목소리가 맑구나!

친구 목소리는 어떤 음색이었니? 힘참, 부드러움, 청아함과 같은 말들 중에서 꼭 어울릴 만한 표현을 찾아보자.

연습 많이 했구나!

자신이 열심히 하고 있는 분야라면 상대방이 얼마나 노력했는지 짐작할 수 있지. 이렇게 말하면 서로 공감대가 생길 수 있어.

네 노래에 빠졌어!

"이끌렸어.", "마음을 빼앗겼어.", "매료되었어."처럼 노래에 빠져들었거나 감동 받은 마음을 표현할 수 있어. 노래를 좋아하는 친구한테서 이런 말을 들으면 기분이 정말 좋을 거야.

 **설명**

자기가 못하는 걸 상대방은 잘한다고 느낀다면 '쟤한테는 못 당하겠는걸.' 하는 마음이 들 거야. 그렇지만 '나 같은 건….' 하고 생각하지는 마. 같은 것을 좋아하는 마음으로 서로 칭찬하며 함께 열심히 하면 돼.

121

서로 다르다는 것을 받아들이자!

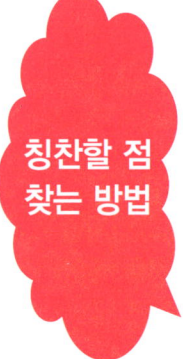

칭찬할 점 찾는 방법

취향이 다르면 교류할 기회가 없을지도 몰라. 하지만 다르기 때문에 오히려 서로를 더 잘 알 수 있고, 자신에게 부족한 점이나 자신에게만 있는 것이 보이기도 해. 그리고 더욱 실력을 닦아서 새로운 도전도 할 수 있게 되고 말이야.

● **상대방의 매력 발견하기**

뭐가 즐거운 건지 궁금하면 내가 알아차리지 못한 매력이 있을 거라는 생각으로 물어봐. 새로운 발견을 즐기는 거야!

자신과 상대방의 다름을 알자

여럿이 모여 시끌벅적한 상황과 혼자 있는 상황 중 어느 쪽이 편한지는 사람에 따라 달라. 자신과 다르다고 멀리하지 않으면 좋겠어. 오히려 "어떤 재미가 있을까?" 하고 흥미를 가져 보자. 칭찬하는 말에는 상대방과 마음의 거리를 가깝게 해 주는 힘도 있거든. 새로운 발견을 할 수 있다면 너의 세계도 넓어질 거야.

선생님! 칭찬할 때 핵심은요?

어떤 부분이 제일 좋아?

나는 생각도 못 했어.

그렇게 받아들이는 거, 정말 좋네!

● '다름'에 주목하기

신중함과 과감함, 털털함과 꼼꼼함, 쾌활함과 차분함. 정반대의 성질이라도 양쪽 다 장점이 있어. '소란스러움'은 '활기참', '말수가 적음'은 '차분함' 등 서로의 다름을 긍정적인 말로 표현해 보자.

● 고유의 개성을 인정하는 '다움' 받아들이기

'너답다'라는 말은 상대방을 인정하고 받아들인다는 뜻이야.

> **칭찬해 보자!**
>
> 우리 반에서는 쉬는 시간에 축구를 하는 것이 유행이에요. 그런데 거기에 끼지 않고 그림만 그리는 친구가 있어요. 여럿이 노는 것도 재미있지만 자기가 하고 싶은 것에 집중하는 모습이 멋있어 보였어요.

줏대 있네!

자기 처지나 생각을 꿋꿋이 지키는 모습을 칭찬하는 말이야. 남들과 잘 어울리는 것도 좋지만 분위기에 휩쓸리지 않고 꿋꿋한 것도 매력이지.

집중력 좋다!

뭔가를 오래 하는 것은 그 자체가 대단한 일이야. 칭찬을 계기로, 친구가 그림 그리기에 집중하는 이유를 말해 주면 사이가 더 좋아질 수 있어.

무슨 그림을 그리는 거야?

자기가 좋아하는 일에 관심을 가져 주면 기쁘기 마련이야. 그림을 보여 주면 고마운 마음을 담아 느낀 점을 긍정적으로 말하자.

설명

늘 함께 있거나 같이 어울려 노는 아이만 친구가 아니야. 대단하다는 생각이 드는 아이도 소중한 친구란다. 언젠가 친구를 존경하는 마음을 전하고 싶다면 칭찬하는 말로 표현해 보자.

긍정적으로 바라보는 태도를 익히자!
칭찬할 점 찾기 연습

3장

 **칭찬해 보자!**

저는 쉬는 시간에 주로 다음 수업을 준비하거나 학원 숙제를 해요. 이렇게 시간을 보내는 것을 좋아하지만, 다 같이 피구하러 나갈 때 저한테도 같이 가자고 말해 주는 다정한 그 친구가 좋아요.

불러 줘서 고마워.

주위 사람을 잘 보살펴 주는 친구는 멋진 친구야. 나뿐만 아니라 다른 친구에게도 마음 써 주는 친구를 보면 "다정하네!", "배려심 최고!" 라고 칭찬해 주자.

리더십이 훌륭해.

모두의 중심이 되어 리더 역할을 하는 사람은 주위에서 볼 때 원래 그런 사람이려니 하고 당연하게 여기기 쉬워. 하지만 조금 거리를 두고 바라보면 그것이 당연한 일이 아니라는 걸 알 수 있을 거야.

나는 못 하겠던데. 존경스러워!

본인에게는 당연한 일이지만 다른 사람이 볼 때는 쉽지 않은 일인 경우도 많아. "존경스러워.", "본받고 싶어."라는 말로 상대방의 행동이 대단한 일이라는 걸 알려 주자.

 **설명**

평소 대화할 기회가 많이 없는 상대라면 얼굴을 보고 칭찬하기 어려울 수 있어. 그럴 때는 칭찬할 점을 마음속에 새겨 두면 돼. 상대방을 존경하는 마음은 평소 행동을 통해 자연스럽게 전해지거든.

친구의 경험이나 도전을 칭찬하자!

칭찬할 점 찾는 방법

목표를 향해 노력하는 사람에게 그저 "대단해!"라고만 말하면 내가 느낀 감동이 그대로 전해지지 않아. 어떤 점에 매력을 느꼈는지, 어떤 감정을 느꼈는지 나만의 표현으로 전해 보자. 잘 모르는 분야라고 머뭇거리지 말고 상대방의 말을 참고해 가며 칭찬할 점을 찾아봐.

● 어떤 기분이 들었는지 말하기

어떤 기분이 들고, 왜 그렇게 생각했는지 말로 표현해 봐. "편안해지는 기분이야.", "후련해.", "마음이 맑아졌어." 등 마음의

다른 사람의 도전을 같이 즐기자

목표를 향해 노력하고 있는 사람은 '아직 부족해. 더 열심히 해야지!' 하는 마음이 강해. 그런데 만일 자기 작품이나 노력이 다른 사람에게 감동을 준다는 것을 알게 되면 정말 기뻐하겠지.
"감동받았어!"라는 너의 칭찬이 상대방의 열심히 하려는 마음을 응원할 거야.

선생님! 칭찬할 때 핵심은요?

마음까지 따뜻해지는 그림이야.

마음을 담아서 그린 것이 느껴져.

목표를 가지고 노력하니 실력이 늘었네!

변화를 표현하는 말을 많이 알아 두면 좋겠지.

● 상대방의 생각 이해하기

많은 시간 고민해서 만든 작품에 어떤 의미를 담았는지 다른 사람이 알아봐 준다면 아주 기쁠 거야.

● '의지' 칭찬하기

'의지'란 뭔가 이루고자 하는 마음이야. 결과가 따라오지 않더라도, 의지를 지니는 것만으로도 멋진 일이야.

> **칭찬해 보자!**
>
> 친구가 여름 방학 숙제로 만든 포스터로 은상을 받았어요. 다 같이 포스터를 보러 갔는데, 상을 받은 친구가 "은상인데 보러 와 줘서 고마워!"라고 말했어요. 제가 볼 때는 은상도 대단한데 말이에요.

> **상 받은 것만으로도 멋진걸!**
>
> 상이란 다른 작품보다 뛰어난 점이 있어서 받는 거야. 부족한 점을 바라보지 말고 이만큼 해낸 것도 멋진 일이라는 것을 알려 주자.

> **나한테는 제일 관심이 가는 주제야!**
>
> "대회에서는 은상일지 모르지만, 나한테는 제일 재미있었어!"라고 말해 주면 '내 편이 있네!' 하는 생각이 들면서 친구가 무척 든든해할 거야.

> **더 높은 목표를 가지고 있구나!**
>
> 높은 목표를 가진 사람에게 동정이나 위로의 말을 건네면 오히려 상대방에게 상처를 줄 수 있어. 본인만 느끼는, 결과에 대한 만족도나 기대를 존중하자.

설명

어떤 말을 건네야 좋을지 모를 때는 네가 어떻게 느꼈는지 긍정적인 말로 표현해 봐. "친구로서 응원하고 싶어!", "나는 네 감성이 좋아!"와 같은 생각을 전하면 그 어떤 평가보다도 힘이 될 거야.

긍정적으로 바라보는 태도를 익히자!
칭찬할 점 찾기 연습

3장

 칭찬해 보자!

친구가 다니는 수영 교실에서 레벨 테스트가 있었어요. 친구는 늘 열심히 연습했기 때문에 어렵지 않게 테스트에 통과했어요. 하지만 본인이 목표한 기록이 나오지 않아 속상한 것 같았어요. 축하한다고 말해 주고 싶은데….

보통 때는 더 빨라? 대단하다!

테스트에 통과했지만 결과에 만족하지 못하는 것은 '더 잘할 수 있었는데.' 하고 생각하기 때문이야. 평소 실력은 어느 정도인지 물어보자!

조금 아쉽겠다! 그래도 축하해!

'그래도'라는 말에는 '이유나 사정은 제쳐두고'라는 의미가 담겨 있어. 네 마음을 솔직하게 전하면서 상대방의 마음도 헤아리자.

목표 의식이 있는 게 너의 강점이야.

다른 사람의 평가에 만족하는 것이 아니라 자신의 이상을 추구하는 것은 아무나 할 수 있는 일이 아니야.

 **설명**

하고자 하는 일에 대해 자신이 어떤 자세로 임하고 있는지 스스로 알아채기 어려워. 옆에서 지켜볼 때 알 수 있는 성실함, 진지함, 인내심이 강함 등 친구의 특성을 잘 나타내는 표현을 생각해 보자.

착한 마음씨를 칭찬하자!

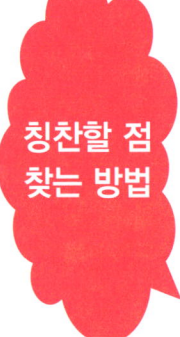

칭찬할 점 찾는 방법

스포츠나 공부에서 뛰어난 성적을 내는 것도 멋지지만 주위 사람을 위해 배려심 있게 행동하는 것도 훌륭하지. 이렇게 배려하는 사람들을 마음씨가 착하다고 해. 마음씨는 눈에 보이지 않지만 하는 행동을 보면 자연스럽게 그 사람의 매력을 알 수 있어.

● 편안함 알아차리기

누군가와 있을 때 마음이 편하다면, 상대방의 배려를 편안하게 받아들이고 있는 거야. 어떤 때 편안함을 느꼈는지 생각해 봐.

긍정적으로 바라보는 태도를 익히자!
칭찬할 점 찾기 연습

3장

세심한 마음 씀씀이를 찾아보자

칭찬하는 요령을 알게 되면 관찰력이 생기고 사람들의 마음 씀씀이나 배려하는 모습이 눈에 들어오게 돼. 누군가의 배려 덕분에 모두가 편안히 지내는 상황은 우리 주변에서 많이 볼 수 있어. 누군가의 배려를 느끼면 적극적으로 상대방이나 주위 사람에게 마음을 전하자.

> 선생님! 칭찬할 때 핵심은요?

> 밝게 인사해 주니까 기분이 좋아.

> 마음 써 줘서 고마워.

> 네 덕분에 도움이 됐어.

● 무심코 하는 행동에 주목하기

주위 사람들을 위한 행동이 자연스러운 사람은 그 일을 의식하면서 하는 게 아니야. 그 사람에게는 '당연한' 행동인 거지. 그 당연함이 남들이 볼 때는 멋진 일이라는 것을 알려 주자.

● '당연한' 일은 없다는 것 기억하기

고마움의 반대는 당연함이라고 해. 하지만 나를 위해 누군가가 무엇을 해 주는 것은 결코 당연한 일이 아니야. 이걸 기억하면 세상을 보는 눈이 달라질 거야.

 **칭찬해 보자!**

제 친구는 날마다 "안녕!" 하고 먼저 씩씩하게 인사를 해요. 그 목소리를 들으면 피곤한 날이나 기분이 별로인 날에도 마음이 환해져요.

언제나 고마워!

기분이나 행동이 변덕스럽지 않고 언제나 착한 일을 하는 사람을 보면 편안한 마음이 들지. 착한 일을 꾸준히 하다는 건 대단한 거야.

기분이 좋아졌어!

자신의 행동으로 상대방의 기분이 좋아지면 흐뭇하겠지. 앞으로도 잘해야겠다는 생각이 들 거야.

너를 본받아 나도 해 볼게!

자신이 하는 행동에 누군가 공감해 주고, 그 행동이 많은 사람에게 퍼져 나가면 더없이 기쁠 거야.

먼저 인사해 줘서 기뻐!

별일 아닌 일이라도 혹시 그것이 없어졌을 때를 상상해 봐. 나에게 그 일이 얼마나 소중한지 알게 될 거야.

 설명

 당연하다고 생각하면 칭찬할 점을 찾기 어려워. 하지만 칭찬하는 요령을 익혀 두면 쉽게 찾을 수 있어. 우선 오늘은 누구의 도움을 받았는지 되돌아보는 것에서부터 시작해 보자.

긍정적으로 바라보는 태도를 익히자!
칭찬할 점 찾기 연습

3장

 **칭찬해 보자!**

같은 반 친구가 독감에 걸렸어요. 그 친구가 학교에 나오지 않는 사이 교실에 있던 꽃병 속 꽃이 시들었어요. 그제서야 반 친구들은 독감에 걸린 친구가 꽃을 돌보고 있었다는 걸 깨달았어요.

늘 돌봐 주고 있었구나!

칭찬하는 데 '너무 늦음'이란 없어. 친구의 선행을 알아챘다면 바로 말로 전하자.

네 덕분이었네!

선행을 한 사람은 스스로 하고 싶어서 한 일일지도 몰라. 하지만 그 덕분에 마음이 따뜻해졌다는 것을 전해 보자.

남몰래 마음을 써 줘서 고마워!

'남몰래'란 어떤 일을 남이 모르게 하는 걸 말해. 누가 부탁한 일도 아니고, 누가 지켜봐 주는 일도 아니라는 말이지. 그런 일을 솔선해서 할 수 있는 사람은 별로 없어.

설명

우리 주위에는 다른 사람을 위한 일을 남모르게 하는 사람이 많아. 편안하게 느껴지거나 평소와 다른 점을 느낀다면 '왜 그럴까?' 하고 생각해 보자. 친구의 매력이 점점 눈에 들어올 거야.

친구의 따뜻한 마음씨를 고마운 마음을 담아 칭찬하자!

칭찬할 점 찾는 방법

곤란할 때 손을 내밀어 주는 사람은 네 상황을 보면서 '이렇게 하면 도움이 될까?' 하는 마음으로 행동하는 경우가 많아. 너를 소중하게 여기고 도움을 주는 친구에게 고마운 마음을 전해 우정을 쌓아 가자.

● **먼저 손을 내밀어 주는 것 자체가 멋진 일임을 알기**

조바심이 나거나 폐를 끼칠지도 모른다는 생각이 들면 다른 사람에게 쉽게 도움을 청하지 못해. 그런 때 누가 말을 걸어 주면

고맙다는 말에 칭찬하는 말을 더하자

누군가 나를 위해 무언가를 해 주면 꼭 고마움을 전해야겠지? 사소한 배려는 물론, 어려운 일이 있을 때나 고민되는 일이 있을 때 손을 내밀어 주면 고마움은 더 커지게 마련이야. 고마운 마음을 전하고 싶을 때는 "이 부분이 제일 기뻤어!"라고 말해 보자. 상대방도 '제대로 도움이 되었구나.' 하고 생각할 거야.

선생님! 칭찬할 때 핵심은요?

고마워. 덕분에 도움이 되었어.

걱정해 줘서 고마웠어.

네가 있어서 다행이야.

마음 깊은 곳에서 고마운 마음이 솟아나겠지. 곤란한 처지에 있는 친구에게 말을 거는 건 아무나 할 수 있는 일이 아니야. 누군가를 배려하는 마음씨, 그리고 그 마음을 실제 행동으로 옮기는 건 그 사람이 가진 장점이야.

● **특히 도움이 된 부분을 말하자**

누군가를 위해 한 행동이 그 사람에게 제대로 도움이 되었다는 것을 알면 도와준 사람도 '하길 잘했네.' 하고 생각할 거야. 그림 속 수달과 같은 상황이라면, "공책 정리가 알아보기 쉬웠어!", "요점을 가르쳐 줘서 고마워!"라고 말할 수 있지.

> 오늘은 기다리고 기다리던 소풍날이었어요. 빠짐없이 준비했다고 생각했는데, 도시락 가방을 열어 보니 젓가락이 없었어요. 친구가 자기는 포크도 가져왔다면서 제게 젓가락을 빌려주었어요.

칭찬해 보자!

챙겨 줘서 고마워!

곤란할 때 바로 도와줬다는 건 그 친구가 너를 유심히 지켜보고 있었다는 거야. 친구의 관찰력과 마음 씀씀이는 칭찬받아 마땅해.

자상해!

자상하다는 건 자잘한 데까지 생각이 잘 미치고 마음 씀씀이가 넉넉하다는 뜻이야. 네가 '좋은 사람'이라고 생각한 사람이 어떤 마음씨를 가지고 있는지 평소에 잘 살펴보자.

역시! 준비성이 좋아!

준비성이 좋다는 건 빈틈없이 준비를 잘 하거나 실수가 없는 것을 말해. 여기에 '역시'라는 말을 덧붙이면 새삼 감탄하는 마음을 나타낼 수 있어.

설명

사소한 친절이나 배려는 평소에는 잘 느껴지지 않을 수 있어. 하지만 힘들 때면 주위의 마음 씀씀이가 확 와닿지. 당황했을 때는 주위를 둘러보기 쉽지 않겠지만 '다른 사람의 배려'를 알아차리는 마음을 꼭 챙기자.

긍정적으로 바라보는 태도를 익히자!
칭찬할 점 찾기 연습

3장

 **칭찬해 보자!**

저는 꽃을 좋아해서 화단에 시든 꽃이나 이파리가 떨어져 있으면 깨끗이 치워요. 그런데 그날은 바람이 세게 불어서 아무리 치워도 소용이 없었어요. 그때 지나가던 친구가 청소를 도와주었어요.

친절하구나!

'내가 그 친구였다면 똑같이 할 수 있었을까?' 생각해 보면 그 친구의 친절함이 보다 잘 느껴질 거야.

마음이 아주 든든했어!

곤란한 상황일 때 혼자면 불안해서 어쩔 줄 모르게 돼. 그럴 때 손을 내밀어 주는 사람이 나타나면 마음이 든든하지. 이 마음을 전하면 그 친구는 자신이 기댈 수 있는 사람이란 생각에 기뻐할 거야.

내 일처럼 도와줘서 기뻤어!

다른 사람의 일을 내 일처럼 나서서 도와주기란 쉽지 않아. 그럼에도 손 내밀어 준 친구의 마음을 헤아려 보자.

 **설명**

생각지도 못한 도움을 받으면 평소에 느꼈던 것보다 훨씬 고마운 마음이 생기지. 존경심마저 느껴질 거야. 도와준 사람에 대한 고마움을 여러 가지 표현으로 전해 보자.

당연하게 여기지 말고 착한 행동을 찾아서 칭찬하자!

칭찬할 점 찾는 방법

언제나 칠판이 깨끗하고 화장실 슬리퍼가 가지런히 놓여 있는 걸 당연하다고 생각하기 쉬워. 하지만 그 어느 것도 저절로 그렇게 되는 법은 없어. 누군가의 손길이 닿은 거지. 당연한 일도 누구 덕분인지를 늘 잊지 말고 생각해 보도록 하자. 상대방도 비록 알아봐 주기를 바라고 한 일은 아니겠지만, 자기가 기꺼이 한 행동을 누군가 알아보고 칭찬해 주면 기쁠 거야. 상대방이 착한 일을 하고 있다는 것을 알게 되었다면 칭찬하고 같이 기뻐하면서 더 친해지면 좋겠어.

알아챘을 때가 칭찬할 타이밍!

늘 착한 일을 하는 사람이나 나에게 마음을 써 주는 친구에게 별안간 칭찬을 하면 상대방이 어색해하지 않을까 생각할 수 있어. 그렇지만 알아챘을 때가 바로 칭찬할 타이밍이란다! 늘 도움을 준다면 그때마다 감사 인사와 칭찬을 하는 것도 좋아.

선생님! 칭찬할 때 핵심은요?

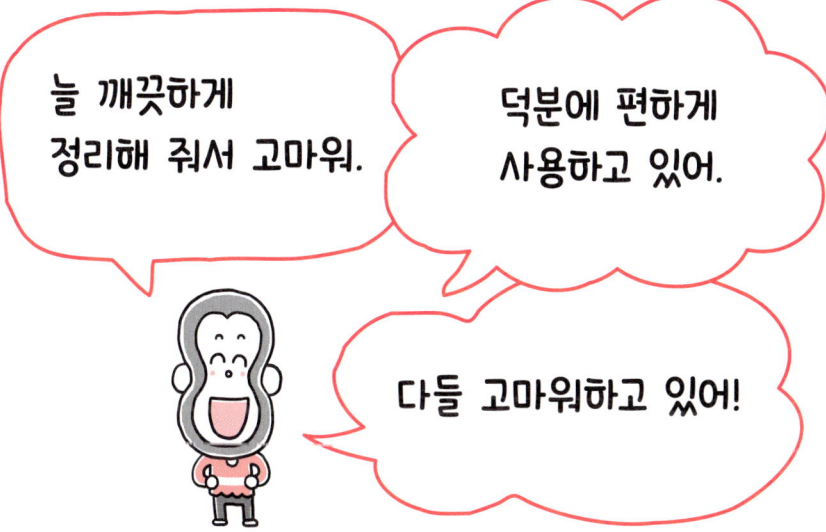

● '당연한 일'에 주목하기

학급 문고나 집 거실 등 모두 함께 사용하는 곳을 잘 살펴보자. 자기가 맡은 일이 아니어도 기꺼이 나서서 청소하고 정리 정돈하는 사람이 있을 거야.

● 어떤 행동과 배려를 해 주고 있을까 생각하기

착한 행동을 하는 사람을 찾으면 그 사람이 어떤 행동을 하는지 주목해 보자. 생각지도 못한 세심한 배려에 놀랄지도 몰라.

> **칭찬해 보자!**
>
> 아침 일찍 근처 공원에 놀러 갔는데 자원봉사자들이 쓰레기를 줍고 있었어요. 그중에는 제 또래처럼 보이는 아이도 있었고요. 저는 봉사 활동을 해 본 적이 없어서 놀랐어요.

덕분에 늘 기분 좋게 이용하고 있어요.

상대방의 행동이 나에게 어떤 긍정적인 영향을 주었는지 전하자. 막연하게 사람들을 위해 해 온 일이 실제로 누군가에게 도움이 되었다는 것을 알면 정말 기뻐할 거야.

좋은 아침이에요! 항상 고마워요!

모르는 사람에게 말을 걸 때는 먼저 인사를 해 봐. 인사를 받는 것만으로도 상대방은 기분이 좋아질 거야. 게다가 먼저 다가와 인사를 한다는 것은 상대방을 존중한다는 의미를 담고 있기도 해.

공원이 늘 깨끗했던 건 이 사람들 덕분이었구나!

전부터 '참 좋네!' 하고 생각했던 게 누구 덕분이었는지 알게 되면 기분이 좋아지지. 직접 말을 건네기가 어려울 때는 다른 사람의 선행을 주위에 말하며 공유하자.

설명

모르는 사람에게 말을 걸기가 망설여질 때는 억지로 말하지 않아도 돼. 고마워하는 마음은 표정과 태도로 다 드러나거든. 마음속으로 감사 인사를 하는 것만으로도 상대방에게 큰 힘이 되고 응원이 될 거야.

긍정적으로 바라보는 태도를 익히자!
칭찬할 점 찾기 연습

3장

 **칭찬해 보자!**

등하교할 때 통학로 곳곳에서 녹색어머니회와 함께 어른들이 교통안전 지도를 해 주세요. 지금까지 당연하게 여겼는데, 그분들도 원래 하시는 일이 따로 있는 자원봉사자들이라는 걸 알게 되었어요.

교통안전 지도해 주셔서 감사합니다.

어른을 칭찬하고 싶을 때는 조금 더 신경을 써야 해. "훌륭하시네요!" 이런 단순한 말보다 "친절하게 마음 써 주셔서 감사합니다!"처럼 감사의 마음을 담아 인사하자.

바쁘실 텐데 교통안전 지도해 주셔서 고맙습니다.

사람마다 각자 사정이나 할 일이 있어. 그런 중에 자기 시간을 써서 다른 사람을 위해 봉사한다는 건 훌륭한 일이야. 주변에 또 어떤 '보이지 않는 노력'이 있을지 생각해 보자.

앞으로도 잘 부탁드립니다!

누군가에게 도움이 된다는 것은 나이와 상관없이 기쁜 일이야. '앞으로도'라고 말하면 지금까지 느꼈던 감사의 마음까지 전할 수 있어.

 **설명**

버스나 지하철, 가게, 공원이나 도로 등도 평소 잘 살피고 관리해 주는 분들이 계셔서 모두 편안하게 이용할 수 있는 거야. 편리함도, 안전도 결코 당연히 주어지는 것이 아니란다.

부모님이 대단하다고 느껴지는 점을 칭찬해 드리자!

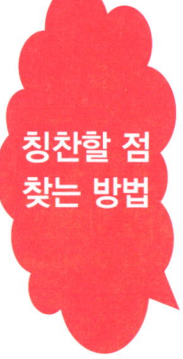

칭찬할 점 찾는 방법

부모님이 아침밥을 차려 주신다거나 늘 깨끗한 옷을 입을 수 있게 준비해 주시는 걸 당연하다고 생각해. 그래서 그렇게 해 주지 않으면 오히려 불평을 하곤 하지. 또, 가까운 관계일수록 칭찬하거나 감사 인사를 하는 것을 쑥스럽다고 여겨. 하지만 가까운 사이일수록 마음을 전하는 일을 소홀히 하면 안 돼. 이 책을 여기까지 읽었다면 이미 잘 알 거야. 가족을 칭찬하는 방법, 칭찬할 점을 찾는 방법을 잘 익혀서 잊지 말고 고마운 마음을 전해 보자!

손윗사람을 칭찬해 보자!

언니, 오빠, 형, 누나 또는 어른처럼 나보다 나이 많은 사람을 칭찬해 본 적이 없을지도 몰라. 하지만 나이와 상관없이 칭찬받는 것은 기분 좋은 일이야.
어른이니 당연히 할 수 있는 일이라거나, 손아랫사람이 칭찬하는 것은 실례라고 생각하지 말고 칭찬하기 좋은 표현을 찾아 마음을 전해 보자.

선생님! 칭찬할 때 핵심은요?

와, 우리 엄마는 힘도 세지!

엄마 아빠가 있어서 아무 걱정이 없다니까!

아빠, 걱정해 주셔서 고마워요.

● **진지하게 칭찬할 점 찾아보기**

가족처럼 날마다 얼굴을 보는 사이는 오히려 칭찬할 점을 찾기 힘들 수 있어. 하지만 진지하게 다시 잘 살펴보면 눈에 들어올 거야.

● **'그 자리에 있어 주는 것'만으로도 감사하기**

가족이 다치거나 아프면 그보다 불안한 일이 없지. 평소에는 잘 못 느끼겠지만, 가족은 더없이 소중한 존재야. 가족끼리 일상적으로 주고받는 "잘 다녀와.", "몸조심해."와 같은 인사에는 '그 자리에 있어 주는 것'에 대한 고마움이 담겨 있어.

> **칭찬해 보자!**
>
> 휴일에 친구와 놀기로 했는데 늦잠을 자고 말았어요. 엄마가 "약속 시간에 늦으면 어떡하니!"라며 잔소리를 하시면서도 약속 장소까지 차로 데려다주셨어요. 엄마한테 미안하면서도 고마웠어요.

> **죄송해요. 그리고 데려다주셔서 고마워요!**
>
> 엄마는 꾸중도 하시지만 결국 늘 도와주시지. 잔소리 좀 그만했으면 좋겠다는 생각이 들 수도 있지만, 잔소리에 숨겨진 엄마의 마음을 알아드리자.

> **저 잘되라고 그러신 거 알아요!**
>
> 누군가를 혼내려면 혼내는 쪽도 에너지가 필요해. 자녀를 위한다고 거친 방법으로 꾸짖는 것은 안 되지만, 부모님이 어떤 마음으로 혼내신 건지 헤아려 보자.

> **어떻게 하면 엄마처럼 일찍 일어날 수 있어요? 가르쳐 주세요!**
>
> "아빠를 본받아야지.", "엄마처럼 될 거야." 등 자녀에게 존경받는 것은 부모에게 최고로 기쁜 일이야.

설명

상대방이 화나 있을 때 칭찬하는 것은 오히려 역효과가 날 수 있어. 먼저 제대로 사과부터 하자. 침착하게 생각해 보면 내가 실수한 점, 도움받은 일을 있는 그대로 받아들이게 되고 상대방의 마음도 알게 될 거야.

긍정적으로 바라보는 태도를 익히자!
칭찬할 점 찾기 연습

3장

칭찬해 보자!

부모님은 언제나 저를 칭찬을 해 주셔요. 당연히 해야 하는 걸 칭찬하실 때는 새삼스럽다는 생각이 들기도 하지만, 실은 기분이 좋아요. 그래서 저도 부모님을 칭찬해 드리고 싶은데 어떻게 하면 좋을까요?

나의 자존감 지킴이!

무엇이든 잘하는 것을 찾아내서 칭찬해 주고, 별것 아닌 일에도 고마워하는 사람이야말로 자존감 지킴이!

칭찬해 주셔서 고마워요!

남에게 도움을 받는 것이 당연한 일이 아니듯, 칭찬을 받는 것도 당연한 일이 아니야. 칭찬하려고 늘 준비되어 있는 그 마음가짐이야말로 칭찬받아 마땅하고, 멋진 거란다.

저도 본받고 싶어요!

"작은 일이라도 칭찬해 주시는 모습이 멋있어요. 본받고 싶어요!" 부모님이 이런 말을 들으시면 자녀에게 인정받았다는 생각에 무척 기쁘시겠지. 좋은 행동이 자녀에게 이어져 나가는 보람도 느끼실 거야.

설명

가까운 상대방을 칭찬하는 건 쑥스러울 수도 있지만, 익숙해지면 자연스레 할 수 있게 돼. 가장 가까운 사이인 가족을 칭찬할 수 있다면 너도 칭찬 전문가!

145

스스로를 칭찬하자!

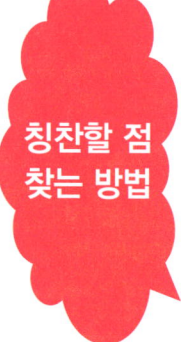

칭찬할 점 찾는 방법

자신이 부족하다고 생각해 본 적이 있니? 그런 생각을 하면 기운이 빠지고 자신감이 없어져!
부족하다고 느껴질 때는 주위 사람의 장점과 칭찬할 점을 찾을 때처럼 자기 자신도 너그러운 눈길로 바라보자.

● 열심히 하고 있는 일 찾아보기

커다란 목표가 아니어도 좋으니 열심히 하고 있는 일을 찾아보자. 싫어하는 과목을 공부하겠다는 것도 좋고, 어떤 게임을 클리어하겠다는 것도 좋아. 적극적이고 긍정적인 나를 찾자!

긍정적으로 바라보는 태도를 익히자!
칭찬할 점 찾기 연습

3장

스스로를 소중히 여기는 사람이 되자

3장에서 다른 사람의 장점을 많이 찾아 보면서 주변 사람들에 관해 좀 더 알고 싶어지지 않았니? 그 생각을 이번에는 자기 자신에게 향해 보자. 자신에 대해 칭찬하고 싶은 점을 말로 하려면 멋쩍기도 하겠지만, 스스로를 인정하게 되면 자신감과 에너지가 샘솟을 거야.

선생님! 칭찬할 때 핵심은요?

난 참 열심히 하는 사람이야.

오늘은 발표를 잘했어!

힘들어하는 친구에게 먼저 손을 내밀었어!

● **누구에게 웃음을 선물했는지 생각해 보기**
누군가를 위해 착한 일을 하거나 재미있는 행동을 하거나 같이 즐겁게 노는 등 다른 사람에게 웃음을 선물할 수 있다는 것은 멋진 일이야.

● **자신에게 겸손하지 않기**
여러 사람 앞에서 자신을 드러내는 게 망설여질 수도 있겠지. 하지만 스스로에게까지 겸손할 필요는 없어. 자신을 아낌없이 응원해 줄 사람은 바로 자기 자신이란다. 남과 비교하지 말고 맘껏 스스로를 칭찬하자!

칭찬해 보자!

저는 다른 사람에게 "좋겠다!", "부러워!" 하고 말하는 버릇이 있어요. 지금까지 그것을 부끄러워했는데, 어쩌면 다른 사람의 장점을 잘 찾아내는 달인이 아닐까 생각하게 됐어요.

사람들의 장점을 잘 찾아!

'그런 걸 할 수 있다니 좋겠다!' 하고 생각하는 것은 상대방의 칭찬할 점을 찾았기 때문에 가능한 거야. 단순히 남을 부러워하는 게 아니라 장점을 보는 눈이 있는 거지. 이렇게 관점을 바꾸면 단점이라고 생각되던 것도 장점이 될 수 있어.

난 정말 솔직해!

다른 사람의 장점을 발견하는 것, 누군가를 존경하는 것은 솔직하지 않으면 할 수 없어.

더 성장하고 싶어 하는 내가 멋져!

다른 사람을 부러워하는 것은 자신도 그렇게 되고 싶은 마음이 있기 때문이야. 성장하고 싶어 하는 마음이 중요한 거란다. 그 마음을 인정하면 자연스레 행동도 바뀌게 될 거야.

설명

지금까지 여러 상황에서 관점을 바꾸는 것이 얼마나 중요한지를 배웠어. 자신에 대해서도 마찬가지야. '나 같은 건….' 하는 생각이 들면 관점을 바꿔 생각해 봐. 틀림없이 새로운 발견을 할 수 있을 거야.

긍정적으로 바라보는 태도를 익히자!
칭찬할 점 찾기 연습

3장

칭찬해 보자!

싫증을 잘 내서 한 가지를 꾸준히 하지 못하는 제 모습을 반성하곤 했어요. 어느 날 친구가 "늘 새로운 것에 도전하네." 하고 칭찬해 줘서 깜짝 놀랐어요. '나도 칭찬받을 수 있구나!'라는 생각이 들어 기뻤어요.

이것저것 재밌는 것을 찾아내는 능력자!

자기가 정말 흥미를 느끼는 것, 좋아하는 것을 찾아내기 위해서는 다양하게 시도해 봐야 해.
이것저것 도전하다 보면 언젠가 정말 '재미있는 것'을 찾을 수 있을 거야.

실패해도 구시렁대지 않아!

실패도 소중한 경험이야. 실패해도 기죽지 않고 새로운 일에 흥미를 가질 수 있다는 건 너의 강점이야.

행동력이 있네!

하고 싶은 게 있어도 실제로 행동에 옮기지 못하는 사람들도 있어. '시작이 반', '천 리 길도 한 걸음부터'처럼 실행의 중요성은 옛말에도 나타나 있어.

설명

'뒤집어 말하면'이라는 말은 '반대로 생각하면, 거꾸로 말하면'이란 뜻이야. '싫증을 잘 내는 사람'을 뒤집어 말하면 '도전 정신이 강한 사람', '호기심 왕성한 사람'이 되지. 관점을 바꿔 생각할 때 써 보자.

칭찬이 필요한 여러 상황에서 유용하게 쓸 수 있는 표현을 배워 보자!

상대방의 행동이나 성격을 칭찬할 때

【적극적이다】
스스로 기꺼이 움직이는 것. 갖가지 일에 능동적으로 도전하는 모습.
예) 적극적인 성격.

【활기차다】
기력, 체력이 넘치는 모습.
예) 팀을 활기차게 이끄는 조장.

【재치 있다】
상황에 맞춰 재빨리 판단하고 행동하는 재주가 있음.
예) 재치 있게 넘어가 준 덕에 살았어!

【친절하다】
상대방의 입장이 되어 행동하는 모습. 배려심을 가지고 다른 사람을 위해 힘을 다함.
예) 친절하게 가르쳐 줘서 고마워요.

【성실하다】
착실하고 참된 마음을 지닌 사람이나 행동.
예) 너의 성실함이 선생님께 전해진 거야.

【강인하다】
신체적으로나 정신적으로나 튼튼하고 씩씩한 것. 건강하고 체력이 있는 사람, 긍정적으로 생각하고 어려움이 생겨도 쉽게 좌절하지 않는 사람을 가리키는 경우가 많음.
예) 고된 훈련을 잘 따라가다니 강인하구나!

【한결같다】
한 가지 일에 참을성 있게 열중하는 모습.
예) 한결같은 노력이 열매를 맺었네.

【냉정】
감정에 치우치지 않고 차분한 모습.
예) 무슨 일이 있어도 절대 냉정을 잃지 않아.

존경하는 마음을 나타낼 때

【동경하다】
완벽하다고 여기는 일이나 사람에게 이끌리는 것.
예 동경의 대상.

【자극을 받다】
사람이나 일에 영향을 받는 것.
예 야구에 집중하는 모습을 보고 자극 받아서 나도 연습을 시작했어.

【엄지척】
감탄을 엄지를 추켜세운 모습에 빗댄 표현.
예 그 여성의 용감한 행동에 절로 엄지척을 했어.

칭찬하는 말에 덧붙이면 기분이 더 좋아지는 표현

【한층】
다른 것과 비교하여 확실한 차이가 있는 모양.
예 오늘은 한층 멋져!

【변함없이】
평소와 변함없는 모습. 비슷한 말로 '언제나', '처음부터 끝까지'가 있음.
예 변함없이 대해 줘서 고마워.

【덕분】
주위로부터 받은 도움.
예 덕분에 마음이 놓여.

패션이나 분위기를 칭찬할 때

【색감】
색에 대한 감각.
예 옅은 색감이 좋네.

【맵시】
의상을 자신에게 어울리게 잘 입는 것.
예 한복을 맵시 있게 입었네!

【시크】
고급스러운 옷차림이나 모습을 나타내는 말로 프랑스어에서 유래됨. 지적이고 도시적인 이미지를 말하는 경우가 많음.
예 시크한 패션.

【스타일리시】
유행에 뒤처지지 않고 세련된 모습.
예 오늘은 한층 더 스타일리시하네.

【스마트】
체형이나 전체적인 모습이 훤칠한 모양. 옷차림이나 행동 등이 고상한 모습.
예 스마트한 인상이 멋있어.

【청결하다】
오염되지 않고 깔끔한 복장. 또는 성실한 인품.
예 청결한 옷차림.

4장

서로 존중하자!
속마음을 전하는 방법

친한 사이라도 말과 행동 등을 느끼고 받아들이는 방식은 저마다 달라.
서로의 기분을 존중하면서 자신의 의견을 전달하는 방법을 배워 보자.

선생님, 여기서는 뭘 배워요?

'이 정도는 알아주겠지.', '우리는 같은 마음이야!'라고 생각하지만, 서로의 생각과 느끼는 방식은 조금씩 다르게 마련이야. 그 작은 차이가 커다란 마음의 벽을 만들지 않도록 대화로 서로의 생각을 확인해 가며 맞춰 가자.

그렇구나! 지난번에 친구와 대화할 때 불편했던 게 그 차이를 알아차리지 못해서였네!

마음을 상하지 않게 거절하고 싶을 때

어떤 마음을 전하고 싶어?

친구가 나쁜 마음으로 한 행동은 아니지만, 그만했으면 좋겠다거나 불편하다고 느꼈던 적 있니?
닭은 자기 편한 시간에 박쥐를 찾아가 자신이 좋아하는 곳에 가자고 불렀어. 박쥐도 좋아할 거라고 생각했거든. 하지만 박쥐는 닭이 자신을 생각해 주는 마음은 고맙지만 지금 당장은 좀 귀찮다고 느꼈지. 박쥐의 이런 마음을 전하려면 어떻게 말하는 게 좋을까?

서로 존중하자!
속마음을 전하는 방법

4장

'모처럼'
이라고
말해 보자

좋아할 거라고 생각해서 초대해 준 상대에게 "싫어!" 하고 단호히 거절해 버리면 나를 생각해 준 다정한 마음까지 거부한다고 받아들일 수 있어. "뭐야, 기껏 같이 가자고 불렀더니!" 하고 크게 화를 낼지도 모르지.
그럴 때는 '모처럼'이라는 말이 도움이 될 거야. "모처럼 불러 줬는데 미안해!"라고 먼저 말하고 나서 거절하면 불러 줘서 기쁘다는 마음이 자연스럽게 전해지거든. 그런 다음 서로 원하는 것을 얘기하면 돼.

모처럼 불러 줬는데 미안해!

'모처럼'에는 '어렵게', '일부러'라는 의미가 있어. '모처럼'이라는 말을 붙이면 '나를 위해 이렇게까지 해 줬는데!'라는 고마움과 미안함을 같이 전할 수 있어.

모처럼 불러 준 거지만, 사양할게.

사양하다는 말은 따르지 않겠다는 의미야. '모처럼'과 함께 쓰면 하고 싶지 않다는 의사를 부드럽게 전할 수 있어.

틀린 걸 알려 주고 싶을 때

어떤 마음을 전하고 싶어?

잘못 말했다든지 옷을 뒤집어 입고 있다든지, 또는 상대 선수의 이름을 틀리게 부르는 것처럼 친구가 누가 봐도 알아챌 수 있는 실수를 본인만 눈치채지 못한다면 어떻게 할 거야?

22쪽에서 보았듯이 모두가 보는 앞에서 "틀렸어!" 하고 부정적인 말로 지적하면 친구가 난처해할 수 있어. 친구가 스스로 알아차리게 하려면 어떻게 해야 좋을까?

서로 존중하자!
속마음을 전하는 방법

4장

생각할 수 있게 넌지시 힌트를 주자

스스로 알아차리면 나중에 똑같은 실수를 되풀이하지 않을 수 있어. 또 본인이 실수를 인정하고 주위 사람에게 '잘못 말했어.' 하고 말하면, 모두가 기분 나쁘지 않게 마무리될 수 있지.

먼저 "나도 몰랐는데….", "혹시 내가 틀렸을지도 모르지만…." 하고 마치 지금 막 깨달은 듯이 얘기를 해 보자. 그러면 그 말을 듣는 순간, 상대방도 자신의 실수를 알아차리게 될 거야.

어? 나는 틀림없이 ○○라고 생각했는데.

"내가 생각한 것과 다른 것 같아." 하고 확인하는 듯이 되물으면 상대방도 다시 한번 생각해 볼 거야.

내가 잘못 생각한 건지 모르겠는데, 혹시 그거….

정답을 알려 줄 때 '혹시'라는 말을 덧붙이면, 상대방도 "아, 그랬지!", "그럴지도!" 하고 자신의 잘못을 받아들이기 쉬워.

157

"위험해! 안 돼!"라고 주의를 주고 싶을 때

어떤 마음을 전하고 싶어?

누군가 하면 안 되는 행동이나 위험한 행동을 하고 있는 걸 보면 조심하라고 말해 주고 싶을 거야. 그런데 선생님이나 어른이 주의를 주면 말을 듣지만, 친구끼리면 말대꾸를 하거나 무시해 버리는 등 오히려 역효과가 나는 상황이 벌어지기도 하지.
사슴은 멧돼지가 '출입 금지'라는 팻말이 붙은 곳에서 놀고 있는 것을 보고 주의를 주었지만 멧돼지는 꿈쩍도 하지 않았어. 어떻게 주의를 주면 좋을까?

서로 존중하자! 속마음을 전하는 방법 **4장**

왜 하면 안 되는지 이유를 설명하자

상대방이 내 말을 흘려듣는다거나 내가 너무 지나치게 생각한다고 여겨진다면 굳이 주의를 주지 않아도 돼. 하지만 그냥 지나치기 어려운 경우에는 어떻게 주의를 줄지 방법을 고민해 봐야겠지.

"안 돼!", "그러지 마!"라고만 말할 것이 아니라 왜 안 되는지, 어떻게 위험한지 말하는 것이 좋아. 상대방이 그때 무엇을 하고 싶어 하는지, 왜 규칙을 어기는지 생각해 보면 적절한 말이 떠오를 거야.

파이프가 무너지면 다칠 거야!

상대방을 걱정하는 마음으로 주의를 주는 거라면 왜 걱정하는지 구체적으로 설명해 주자. 그러면 상대방도 받아들이는 자세가 달라질 거야.

어른들에게 상의하기

이제까지의 경험이나 상대방의 태도를 볼 때 내 말을 듣지 않을 것 같으면 무리하지 말고 어른들에게 도움을 청하자.

159

내가 싫어하는 행동을 멈춰 달라고 말하고 싶을 때

어떤 마음을 전하고 싶어?

친한 친구일지라도 상대방의 마음을 항상 신경 써야 해. 나는 친하니까 괜찮다고 생각할 수 있지만 상대방은 마음속으로 그만두면 좋겠다고 생각할지도 모르니까 말이야. 말은 호랑이의 거친 인사법을 좋아하지 않았어. 하지만 다른 친구는 호랑이와 같이 장난치며 때리기도 하고 맞장구를 치는 등 호랑이의 인사법을 싫어하지 않는 듯 보였지. 어떡하면 호랑이가 말의 속마음을 알게 할 수 있을까?

서로 존중하자! 속마음을 전하는 방법 **4장**

어떻게 대해 주면 좋겠는지 말하자

상대방을 싫어하거나 그 친구에게 나쁜 감정이 있는 것이 아닌 상황에서는 "싫어!"라고 말하기가 어려울 거야. 게다가 무턱대고 "아니!", "싫어!"라고만 말하면 상대방도 어떻게 대해야 할지 몰라할 거고 말이야.
그저 싫다고만 하지 말고 바라는 걸 말해 봐. "만나자마자 있는 힘껏 치는 건 싫어. 하지만 얼굴 보면서 가볍게 툭 치는 건 괜찮아."처럼 어떻게 하면 좋을지 같이 얘기해 봐.

실은 나한테는 좀 아팠어. 그러니까….

다른 친구는 괜찮은지 모르지만 나는 아니라고 말할 때는 '나한테는', '나로서는'이라는 말을 써 봐. 내 기분과 내가 원하는 것이 확실히 전해질 거야.

혹시 괜찮으면 인사법을 바꿔 보는 게 어때?

둘 다 기분 좋을 방법을 같이 생각해 보자고 제안해 봐. 왜냐고 물으면 나의 속마음을 알려 주고 같이 얘기하면 돼.

어떤 행동을 해 달라고 부탁하고 싶을 때

어떤 마음을 전하고 싶어?

다른 사람한테 부탁할 일이 있을 때는 작은 일이라도 "귀찮게 하는 건 아닐까?" 하고 상대방의 입장을 신경 쓰는 게 중요해. 누군가의 도움이 필요할 때는 어떻게 말하면 좋을까?

당번이었던 레서판다는 짐을 옮겨야 하는데 시간 안에 다 못 끝낼 것 같았어. 그래서 옆에 있던 친구에게 도와달라고 부탁했지. 하지만 친구는 왜 부탁하는지 몰랐기에 "내가 맡은 일도 아니잖아. 싫어!"라며 거절했어.

서로 존중하자!
속마음을 전하는 방법

4장

이유를 말하자

부탁에도 여러 가지가 있기 때문에 상대방이 부탁을 어떻게 받아들이는가에 따라 반응이 달라져. 예를 들어, 자기가 해야 할 일을 남에게 떠맡기기 위해 하는 부탁이라고 느끼면 거절하고 싶겠지.

하지만 혼자 해결하기 어려운 상황이라거나 다 같이 해야만 하는 일처럼 분명한 이유가 있으면 오히려 적극적으로 도와줄 거야. 학급 일은 당번이 있기는 하지만, 모두를 위해 해야 하는 일이기도 하니 그 점을 말해 보자.

> 양이 너무 많아서 혼자 하기엔 힘들겠어. 좀 도와주면 안 될까?

곤란한 상황과 도움이 필요한 이유를 구체적으로 설명하면 상대방도 도와줄지 말지 생각하기 쉬워.

> 다 같이 쓰는 물건이니까 같이 옮겨 주면 좋겠어.

무작정 도와달라는 것이 아니라, 모두를 위해 필요한 일이라면 상대방에게 도움을 요청할 만한 마땅한 이유가 돼.

자주 부탁받는 일을 이번에는 거절하고 싶을 때

어떤 마음을 전하고 싶어?

이번에는 반대로 부탁받은 일 때문에 힘들었던 적 없니? 누군가에게 부탁받은 일을 거절하고 싶은 이유로는 내가 할 수 없는 일이거나 여러 번 부탁받았던 일이라서, 또 지금은 할 수 없는 일 등 여러 가지가 있을 거야. 발표 자료 정리를 마친 잉꼬네 조는 잉꼬에게 발표를 맡기려고 했어. 그동안 잉꼬가 발표를 맡아서 잘 해 왔거든. 하지만 잉꼬는 자기만 발표를 해야 하는 상황이 못마땅했어.

서로 존중하자!
속마음을 전하는 방법

4장

> **무엇이 중요한지 말하자**

모두들 나를 믿고 있고, 내가 그 역할에 가장 잘 어울린다고 인정받고 있으며, 그 역할이 중요하다는 것을 알고 있다 할지라도 '다 같이 해야 하는 일을 왜 맨날 나만 해?'라는 생각이 들면 마음이 무거워지지.
다음부터 절대 안 하겠다는 건 아니지만, 늘 나에게만 맡기는 건 부담스럽다고 말하자. 그런 다음 어떻게 하면 좋을지 함께 생각해 보는 거야.

늘 혼자서 다 하는 건 부담스러워.

다른 친구들은 잘하는 친구한테 맡기는 게 좋다고 생각할지도 몰라. 이전에 발표했던 경험을 공유하면서 친구들에게 협조를 구해 보자.

나도 다른 역할을 해 보고 싶어.

각자 자신이 그동안 어떤 역할을 했는지, 안 해 본 역할은 무엇인지 생각해 보는 기회가 될 거야.

지금보다 더 사이좋게 지내고 싶을 때

어떤 마음을 전하고 싶어?

새로 만난 친구나 그다지 친하지는 않지만 최근 들어 자주 함께 있게 된 친구와 친해지고 싶을 때는 어떻게 마음을 전하면 좋을까?

다람쥐는 바이올린 교실에서 만난 고슴도치가 궁금했어. 학교도, 사는 동네도 다르지만 고슴도치도 다람쥐만큼 열심히 바이올린 연습을 했거든. 다람쥐는 고슴도치와 대화도 나누고 또 연습이 끝난 뒤 같이 놀고도 싶었대. 이럴 땐 어떻게 말하면 좋을까?

서로 존중하자!
속마음을 전하는 방법

4장

친하게 지내고 싶다고 말하자

학년이 올라가면 학교 친구 외의 인간관계가 생겨나. 서로 얼굴만 아는 사이, 이름도 알고 있고 잠깐 대화도 나눠 본 사이, 같이 어울려 놀고 취미 활동도 함께 하는 친구 사이처럼 말이야. 친구도 학급 친구와 진짜 친한 친구 등으로 나눌 수 있지.

내가 누군가에게 관심이 생겼다고 해도 그 사람이 내게 관심을 갖는 타이밍이 다를 수 있어. 그러니 좀 더 친해지고 싶을 때는 먼저 그 타이밍을 만들어 보자.

정말 멋진 연주야! 얼마나 연습한 거야?

칭찬하는 말은 상대방과의 마음의 거리를 좁혀 준단다. 공통의 관심사로 서로 알아 가는 계기를 만들어 보자.

혹시 괜찮으면 같이 연습할래?

"놀자." 또는 "만나자."라고만 말하지 말고, 같이 무엇을 하고 싶은 건지를 말하는 거야. 왜 만나자고 하는 건지 모르면 불안하지만, 이유를 알면 대답하기 쉬워지거든.

내가 무서워한다는 걸 알아주길 바랄 때

어떤 마음을 전하고 싶어?

언제 무서움을 느끼니? 귀신이 나올 것 같은 으스스한 곳에 있을 때? 높은 곳에 올라갔을 때? 이유를 확실히 아는 경우가 아니더라도, 어쩐지 '저 사람, 무서워.', '그런 일 당하면 무섭지.'라고 느낀 적이 있을지도 몰라. 토끼에게는 곰이 그랬어. 곰이 선배이기도 하고 아무 데서나 큰 소리로 부르고 말도 거칠게 했거든. 친하게 대해 주려는 건 알지만 토끼는 곰이 말을 걸 때마다 늘 깜짝깜짝 놀라게 된대.

서로 존중하자!
속마음을 전하는 방법

4장

"나는 좀 무서워요." 라고 말하자

사람들은 대부분 가까운 사람이 자기를 무서워할 거라고 생각하지 않아. 자기로서는 친근하게 대하는 거니까 상대방이 싫어하리라고 생각하지 못하는 거지. 친하지 않은 사이라면 피하면 되겠지만, 친한 사이라면 그러기도 어려워. 이럴 땐 "선배가 싫은 건 아니고요."라고 말한 다음, 사실은 조금 무서웠다고 말해 보자. 생각지도 못했던 말을 들으면 상대방이 조금 놀랄 수도 있지만, 다음부터는 조심할 거야.

말하기 조심스럽지만, 나는 그런 게 무서워요.

상대방은 장난이라고 생각하겠지만 나는 그렇게 느껴지지 않는다고 진지하게 말해 보자.

늘 말을 걸어 주는 건 반가운데요, 실은 좀 무서워서요….

"선배가 싫은 게 아니에요. 친하게 대해 줘서 좋아요."라고 먼저 말한 다음, 속마음을 얘기하는 것도 좋아.

169

다른 사람의 말도 들어 주기를 바랄 때

어떤 마음을 전하고 싶어?

어른, 아이 할 것 없이 상대방의 이야기를 잘 듣는 것은 중요해. 사실 자신의 의견이나 하고 싶은 말을 상대방에게 전부 전하기란 어려워. 상대방이 들을 마음이 없으면 더더욱 그렇지.

기린은 운동회에서 계주로 뽑혔어. 다 같이 모여 달릴 순서를 정하는데, 달리기에 자신 있던 치타가 다른 친구들의 의견은 듣지도 않고 자기 마음대로 순서를 정해 버렸어.

서로 존중하자!
속마음을 전하는 방법

4장

"우리 말도 들어 주면 좋겠어!" 라고 말하자

상대방과 의견이 다르거나 새로운 제안을 하고 싶다는 것을 말로 전하지 않으면 상대방은 알 수 없어. '이 사람은 이런 사람일 거야.', '이건 이렇게 해야 해.', '그걸 제일 잘 아는 사람은 나야.'처럼 자기가 가장 옳다고 생각하면서 마치 독불장군처럼 행동하지. 대화를 통해 서로 말하지 않은 것은 없는지, 물어보고 싶은 건 없는지 확인해 가면서 '듣기'와 '말하기' 모두 신경 쓰자.

나도 생각한 게 있어. 얘기해도 될까?

상대방은 다른 사람도 자신과 같은 생각이며, 모두의 의견이 정리됐다고 생각할지도 몰라. "얘기해도 될까?"라고 말하면 상대방도 경청하는 자세로 대화에 임할 거야.

혹시 다른 의견이나 제안할 사항 있니?

자기 혼자 의견을 말하는 것이 부담스러우면 주위 사람한테도 의견을 물어보자. 다수의 의견을 확인하면 상대방도 자신과 다른 의견이 있다는 걸 깨닫게 될 거야.

걱정이나 고민을 털어놓고 싶을 때

어떤 마음을 전하고 싶어?

고민이나 걱정거리를 누군가에게 상담해 본 적이 있니? '창피해.', '알리고 싶지 않아.', '폐가 될지도 몰라.' 와 같이 이런저런 생각이 들어 좀처럼 말하기 어려울 수도 있어.

어느 날 고양이는 모르는 번호로 온 문자 한 통을 받았어. 문자에 있던 웹사이트 주소를 눌렀더니 결제 화면이 떠 화들짝 놀랐지. 엄마한테 말하고 싶었지만 혼날지도 모른다는 생각에 겁이 났어.

서로 존중하자!
속마음을 전하는 방법

4장

"저, 있잖아요." 라는 말로 말문을 열어 보자

걱정거리나 불안한 일은 생겼을 때 곧바로 털어놔야 주위 사람도 대처하기 쉬워. 물론 고민이 생기면 누군가에게 얘기하고 싶어도 쉽게 입이 열리지 않지. 가족이나 주위 어른에게 상담할 일이 있다고 말하고 싶을 때 쓰기 좋은 표현이 있어. "저, 있잖아요." 하고 말을 꺼내면 무슨 일 있냐고 되물을 거야. 이때 "상의드릴 일이 있어서요…." 또는 "실은요…." 이렇게 말을 이어가면 상대방도 귀 기울일 준비를 할 거야.

저기, 실은요….

'실은'은 사실을 털어놓을 때 쓰기 좋은 말이야. 평소에는 하지 않을 이야기를 하겠다는 신호가 되거든.

잠깐 시간 괜찮으세요?

느닷없이 이야기를 시작하면, 나중에 얘기하자는 반응이 돌아올 수도 있어. 상대방이 이야기를 들을 준비가 되었는지 확인해 보자.

불안한 마음을 알아주길 바랄 때

토끼는 학교 공개 수업 날 반 대표로 발표를 하게 되었다. 사람들 앞에 서면 긴장이 돼 자신이 발표를 제대로 해낼 수 있을지 불안했다. 친구 가족들까지 본다고 생각하니 점점 더 불안해지기 시작했다.
하지만 주변 사람들한테는 아무렇지 않은 척 "파이팅!"이라고 큰소리쳤다.

잘할게, 파이팅!

주위의 기대를 받으면 불안해도 강한 척하게 돼….

무엇이 불안한지 얘기해 보자

무슨 일을 하기 전에 불안한 마음이 드는 건 '내가 할 수 있을까?' 하고 자신을 의심하기 때문이야. 그걸 감추면 오히려 더 불안해지지.
그럴 때는 왜 불안한지 얘기해 봐. 그러면 "틀림없이 잘할 수 있어!"라는 격려의 말이 되돌아와 용기가 생길 거야. 어떻게 하면 잘할 수 있을지 조언을 해 주는 사람도 있을 거고 말이야. 불안함은 끌어안고 있기보다 다른 사람에게 털어놓는 게 좋아.

서로 존중하자!
속마음을 전하는 방법

4장

바꿔 말하기 연습

무엇이 불안한지 얘기하자!

발표 날 긴장되지 않게 연습을 하고 싶은데, 들어 봐 줄래?

불안하다고 미리 얘기해 두면 주위 사람들에게 조언과 응원을 받을 수 있어.

사람들 앞에서 말하는 게 엄청 긴장돼.

무엇이 불안한지 말로 설명할 수 있으면 스스로도 한결 침착해질 수 있어.

잘할 수 있을지 모르겠지만 최선을 다해 볼게.

'불안하기도 하지만 열심히 해 보고 싶어!' 이런 자세라면 주위에서도 응원해 주고 싶은 마음이 들기 마련이야.

알아 두기

모두의 공감을 받음으로써 불안함을 용기로 바꿀 수 있어.

상대방을 걱정하고 있음을 전하고 싶을 때

원숭이는 늘 밝고 씩씩한 친구가 혼자 있는 걸 보자 마음이 쓰였다.
시무룩해 보여 걱정스러운 마음에 "무슨 일 있어? 얼굴이 어두워 보이는데?"라고 말을 건넸는데, 친구가 "그런 거 없어!" 하고 화를 냈다.

무슨 일 있어?
얼굴이 어두워 보여.

표정이 어두워 보여서 걱정스러운 마음에 물어본 것뿐이었어.

고민을 털어놓기 쉽게 말을 걸자

2장에서 생각한 대로, 본 대로 말하면 안 된다고 했잖아. 상대방이 걱정될 때도 마찬가지야.
고민이 있는 상대에게 "얼굴이 어두워 보여.", "기운이 없어 보여.", "시무룩해 보여."라고 말하는 것은 별로 좋은 말투가 아니야. "얘기하고 싶은 게 있으면 언제든지 들어 줄게."처럼 걱정하는 마음이 잘 전해질 수 있는 말로 바꿔 말해 보자. 이때는 "혹시 괜찮으면"이라는 말을 덧붙이는 것도 좋아.

4장 서로 존중하자! 속마음을 전하는 방법

바꿔 말하기 연습
고민을 털어놓기 쉽게 만들자!

혹시 괜찮으면, 언제든지 얘기 들어줄게.

얘기를 들어 준다고 해도 지금 당장 얘기하고 싶지 않을 수 있어. '언제든지'라고 말하면 그런 상대방의 마음을 존중할 수 있지.

평소와 분위기가 달라 보여. 무슨 일 있어?

겉으로 드러난 표정과 기분이 다를 수 있어. 얼굴이 어둡다는 둥 내 맘대로 단정 지어 말하지 않도록 주의하자.

다 함께 있는 것도 즐겁지만, 혼자 여유로운 시간을 보내도 좋겠네.

걱정되기는 하지만 이제껏 걱정거리를 털어놓고 말한 적이 없는 친구라면, 평소와 표정이 다르지만 그 모습도 좋다고 말을 건네는 것도 괜찮아.

알아 두기
친한 친구뿐만 아니라 누구에게든 '얘기하고 싶은 친구'가 되어 주면 좋겠어.

정답을 알려 주고 싶을 때

토끼는 우연히 친구들이 나누는 대화 내용을 들었다. 어젯밤에 본 드라마 속 배우 이야기였다. 친구들은 배우 이름을 모르는 듯 "그 배우 이름이 뭐지?"라며 서로 묻고 있었다.
누구를 말하는 건지 금세 알아차린 토끼는 "어라? 너네 몰라?" 하고 말참견을 하고 말았다.

어라? 너네 몰라?

나는 자주 봤던 배우라 다른 친구들도 모두 알고 있을 것 같아서 말한 거야.

말참견을 하기 전에 먼저 대화에 참여하자

말참견을 한다는 건 다른 사람이 말하는 데 끼어드는 걸 말해. 상대방의 말을 막고 제 얘기를 하거나 다른 사람들끼리 하는 대화에 끼어드는 것은 예의 없는 행동이야. 모두가 모르는 걸 내가 알고 있다고 해서 갑자기 대화에 끼어드는 행동은 삼가야 해. 먼저 대화에 참여해 대화 흐름을 따라간 뒤 알고 있는 것을 말하는 것이 좋아.

서로 존중하자!
속마음을 전하는 방법

4장

바꿔 말하기 연습

우선은 대화에 참여하자!

무슨 얘기 하고 있어?

대화를 듣고 있었다 하더라도 갑자기 대화에 동참하면 상대방은 당황할 수 있으니 이렇게 먼저 말을 꺼내 봐.

그 드라마, 나도 봤어.

대화 주제에 자신도 흥미가 있다는 걸 알리면 자연스럽게 대화에 참여할 수 있어.

들으려고 한 건 아닌데 그거 ○○ 말하는 거야?

엿들을 생각은 아니었는데 말소리가 들려서 대화에 끼어들게 된 상황을 설명하자.

알아 두기

내가 잘 모르는 화제지만 대화에 적극적으로 끼고 싶을 때도 쓸 수 있는 말이야.

179

기쁨을 함께 나누고 싶을 때

원숭이는 시험을 보고 처음으로 반에서 일 등을 했다. 너무 기쁜 나머지 "와, 나 일 등 했어! 대단하지 않아?"라고 모두에게 들리도록 큰 소리로 말했다.
그런데 친구들은 별 관심 없다는 듯 시큰둥한 표정이었다.

와, 일 등이야! 대단하지 않아?

너무 기뻐서 다른 친구들도 같이 기뻐해 주기를 바랐어.

내가 기뻐하는 이유가 친구들에게 전해졌을까?

내가 노력한 게 좋은 결과를 얻는다면 기쁠 거야. 친구가 노력해서 열매를 맺어도 같이 기뻐해 주고 싶은 마음이 생길 거야. 그런데 친구가 얼마나 열심히 노력했는지 전혀 모를 때는 어떨까? 이유를 모르면 자랑하는 것처럼 느낄지도 몰라. 내가 한 행동이 그렇게 보이면 속상하겠지. 기쁜 일이 생기면 당장 춤이라도 추고 싶겠지만, 먼저 내가 왜 이렇게 기뻐하는지 알 수 있도록 친구들에게 내가 기울인 노력을 전해 보자.

서로 존중하자!
속마음을 전하는 방법

4장

바꿔 말하기 연습

기뻐한 이유를 전하자!

> 지난번에 시험을 너무 망쳐서 이번에 열심히 공부했어!
>
> 어떻게 좋은 결과가 나왔는지 요점을 전하면 알아듣기 쉬워.

> 다들 열심히 하는 걸 보니까 나도 열심히 하고 싶었어.
>
> 친구한테서 "네가 공부하는 걸 보고 나도 자극받았어."라는 말을 들으면 뿌듯하겠지. 친구끼리 서로 자극을 주고받으며 발전해 나가면 좋겠어.

알아 두기
좋은 결과가 나오기까지 어떤 노력을 했는지 되새겨 보자!

속상한 마음이 들었을 때

토끼는 청소 시간에 운동장에 떨어져 있는 낙엽을 모아 커다란 자루에 담고 있었다. 그런데 자루에 구멍이 나 있었는지 기껏 담은 낙엽이 다 쏟아져서 엉망이 되고 말았다. 토끼는 속상하기도 하고 화가 나기도 해 "에잇! 정말!" 하고 소리를 질렀다. 그러자 주변에 있던 친구들이 모두 움찔 놀랐다.

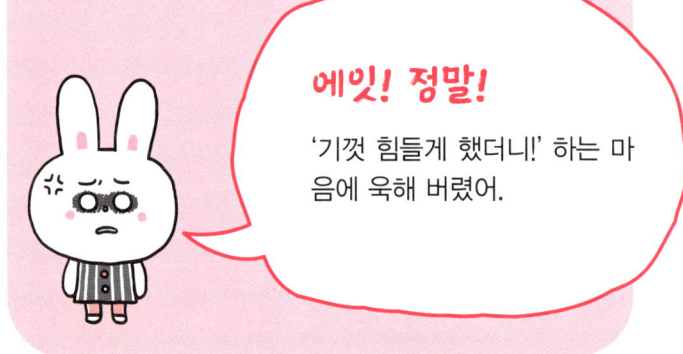

에잇! 정말!
'기껏 힘들게 했더니!' 하는 마음에 욱해 버렸어.

속상한 마음을 알리자

어떨 때 분하고, 욱하고, 억울하니? 공부했는데 기대만큼 결과가 나오지 않았거나 시합에서 졌거나 노력이 쓸모없어졌거나 어쩌면 가위바위보에서 지기만 해도 그런 기분이 들 수 있어.
만족스럽지 않은 결과가 나올 때나 포기하기 아쉬울 때 속상한 마음이 들곤 해. 하지만 그런 마음을 거친 말로 표현하기보다 '이번에야말로', '다음에는'처럼 더 발전하겠다는 의지를 보여 주는 표현을 사용해 보자.

서로 존중하자! 속마음을 전하는 방법 **4장**

바꿔 말하기 연습

속상한 마음은 다음을 위한 각오로!

아! 다음에는 조심해야지!

다시 해야 하는 일이라면 같은 실수는 하지 않겠다고 다짐하는 거야. 그리고 그 마음가짐을 말로 표현하는 거지.

처음에 잘 확인했으면 좋았을걸!

자신의 실수가 원인이라면 실수를 인정하는 것도 중요해. 입으로 말하면 스스로도 상황을 냉정하게 바라볼 수 있어.

다시 할 테니까 조금 기다려 줘.

여럿이 같이 한 일이라면 다른 친구들도 속상할지 몰라. 내가 홧김에 한 말로 분위기가 나빠지지 않도록 조심하자.

알아 두기

잘못 말한 걸 깨달았다면 웃으면서 다시 잘 해 보겠다는 마음가짐을 가져 보자.

183

리더로서 모두에게 협조를 구하고 싶을 때

운동회 응원단장으로 원숭이가 뽑혔다. 수업 시간 외에 연습을 하려면 단장이 친구들을 모아야 했다.
오늘도 점심시간에 운동장으로 모이라고 이야기했지만 다들 반응이 없었다. 이러면 응원 연습을 제대로 하지 못할까 봐 조바심이 난 원숭이는 친구들에게 "다들 모이라고!"라며 큰 소리를 내고 말았다.

내 말 좀 들으라고!
아무리 크게 소리를 질러도 말을 안 들어. 어떡하면 좋아!

이유와 목적, 필요한 시간을 알려 주자

지금까지는 대화 상대가 한 명인 상황을 중심으로 다양한 말투와 시각, 생각하는 법이 있다는 것을 알아봤어. 대화 상대가 여럿일 때도 기본은 같아.
말을 듣는다는 것은 상대방의 말에 따른다는 뜻이야. 하지만 명령받는 것을 좋아하는 사람은 없겠지. 누군가에게 협력을 구할 때는 명령할 것이 아니라, '왜, 무엇을, 얼마나'와 같은 기본적인 내용을 알려 주자. 그것만 알려 줘도 협조를 구하기 쉬울 거야.

서로 존중하자! 속마음을 전하는 방법 **4장**

바꿔 말하기 연습
부탁하는 내용을 말하자!

다들 10분만 시간 내줄 수 있어?

점심시간은 자유 시간이야. 각자 하고 싶은 일이나 해야 할 일이 있을 수 있어. 시간이 얼마나 필요한지 말하자.

다 모이지 않으면 역할을 정할 수가 없어.

왜 모여야 하는지 이유를 분명히 알려 주자.

그렇게 오래 걸리지 않아. 빨리 끝내고 집에 가자!

"빨리 끝내면 빨리 집에 갈 수 있어."처럼 다 같이 협조하면 어떤 좋은 점이 있는지를 강조하는 것도 한 가지 방법이야!

알아 두기
입장을 바꿔서 뭘 하려는 건지, 내 역할은 뭔지 등 궁금해할 만한 것을 알려 주자.

어르신께 자리를 양보하고 싶을 때

토끼는 버스를 타고 가던 중 옆에 어르신이 서 계시다는 걸 깨달았다. 곧바로 자리를 양보하고 싶었지만, '다음 정류장에서 내리시려나? 서 계시는 게 더 편한가?' 이런저런 생각이 들어 망설이고 말았다.

…(어떡하지).

거절하실까 봐 긴장돼서 말이 안 나와. 어떻게 말해야 하지?

"혹시 괜찮으시면"이라는 말로 시작해 보자

보통 '좋은 일'이라고 생각되는 행동도 경우에 따라서는 오지랖이 될 수 있어. 토끼도 상대방을 너무 존중한 나머지 망설이고 만 거야.

이럴 때는 "혹시 괜찮으시면", "실례가 아니라면"이라는 말로 시작하면 좋아. 상대방의 상황에 맡기려는 마음을 전할 수 있지.

서로 존중하자! 속마음을 전하는 방법 **4장**

바꿔 말하기 연습
상대방의 기분을 물어보자!

어르신, 여기 앉으세요.

빈자리를 찾고 있는 것이 분명하면 바로 말해도 괜찮아. 상대방의 행동을 잘 관찰해 보자.

혹시 괜찮으시면, 여기 앉으시겠어요?

친절한 마음일지라도 무조건 앉으라고 하면 불쾌할 수도 있어. 상대방의 상황이나 생각을 물어보자.

저는 곧 내리니까, 혹시 괜찮으시면 여기 앉으세요.

정말 내릴 때 쓸 수 있는 말이야. 곧 내릴 거니까 거절당해도 머쓱하지 않을 거야.

알아 두기

모르는 사람과 대화할 때는 평소보다 더욱 상대방의 마음을 배려하는 것이 중요해.

긴급한 상황으로 어른의 도움이 필요할 때

원숭이와 토끼는 학교가 끝나고 집에 돌아가는 길에 길모퉁이에 앉아 계시는 어르신을 발견했다. "어디 안 좋으세요?" 하고 여쭤보니 속이 불편하다고 하셨다.
원숭이는 가까운 가게로 달려갔지만 너무 당황한 나머지 누구에게 말을 해야 할지 몰라 허둥댔다.

…(어떡하지).

서둘러야 하는데 누구에게 말해야 좋을지 몰라 발만 동동 굴렀어.

우선 도와달라고 외치자

가장 먼저 기억해야 할 건 긴급 사태가 일어나면 곧바로 어른에게 알려야 한다는 거야. 다른 사람을 구할 때도 그렇고, 본인이 위험한 상황에 빠지지 않기 위해서도 가장 중요한 일이야.

그리고 도움을 청할 때는 처음 발견한 어른에게 큰 소리로 "도와주세요!"라고 외쳐야 해. 네가 상황 설명을 잘 하지 못해도 뭔가 큰일이 났다는 것이 전해지면 "무슨 일이니?" 하고 반응을 보일 거야.

서로 존중하자! 속마음을 전하는 방법 **4장**

바꿔 말하기 연습
긴급한 상황임을 알리자!

도와주세요!

"빨리요!" 또는 "부탁이에요!"와 같은 말만 하면 긴급한 상황이라는 사실이 잘 전달되지 않을 수 있어.

당장 도와줘야 하는 사람이 있어요!

본인 말고 다른 사람이 위험에 처했다는 사실을 즉시 알릴 수 있어.

어르신이 몸이 안 좋아서 못 움직이시는 것 같아요!

"도와주세요!"라고 외친 다음 도와줄 사람이 나타나면 어떤 상황인지 자세히 설명하자. '누가', '무엇을'에 맞춰 설명하면 돼.

알아 두기
도움을 청할 때는 너무 멀리 가지 말고, 지나가는 사람이나 가까운 가게를 찾자.

화해하고 싶은 마음을 전하고 싶을 때

토끼는 별것 아닌 일로 원숭이와 다퉜다. 다음 날 학교에서 만나면 먼저 사과하려고 마음먹었지만, 막상 원숭이를 마주치자 뭐라고 말해야 할지 생각나지 않았다. 원숭이도 마찬가지였다. 결국 토끼와 원숭이는 둘 다 아무 말도 하지 않았다.

…(으, 너무 어색해!)

친한 친구와 다투고 나면 예전처럼 다시 친하게 지낼 수 있을까 불안해.

화해하고 싶은 마음을 먼저 전하자

지나고 보면 별것도 아닌 일인데 싸움으로 번질 때가 있어. 이런 경우 시간이 지나면 부끄러운 마음까지 더해져 화해할 말을 찾기 더 어려워지지.
"가까운 사이일수록 예의를 지켜야 한다."라는 말처럼 친할수록 상대방에 대한 예의와 배려가 중요해. 앞으로도 계속 친하게 지내고 싶은 친구라면 더더욱 그렇지. 용기를 내어 화해하고 싶은 마음을 먼저 전하자.

서로 존중하자! 속마음을 전하는 방법 **4장**

바꿔 말하기 연습

내가 먼저 사과하자!

어제는 내가 말이 좀 심했어. 용서해 줄래?

우선 자신의 행동을 반성하고 있다고 말하자. 친구도 같은 생각을 하고 있을지 몰라.

실은 다투려고 했던 건 아니었는데, 미안해!

그럴 생각이 아니었는데 마음먹은 대로 되지 않을 때가 생기기도 해. 사이좋게 지내고 싶은 마음을 전해 보자.

어제는 미안했어. 앞으로 조심할게.

친구도 똑같이 잘못했다고 생각할 수 있지만, 자신의 잘못을 순순히 받아들이는 태도가 멋진 거야.

알아 두기

상대방이 곧바로 사과를 받아 주지 않을 수도 있어. 하지만 시간이 해결해 줄 거야.

불안한 마음을 놀리지 말라고 말하고 싶을 때

음악 시간에 합창을 하는데, 원숭이는 자기만 음정이 틀릴까 봐 불안해했다. 혼자서 연습도 하고 있었지만, 자신이 없어서 늘 작은 목소리로 노래를 불렀다.
이 사실을 알게 된 토끼가 "진짜 못하네. 큭큭. 일부러 그러는 거지?"라며 자꾸 놀리는 바람에 원숭이는 그만 화가 났다.

듣기 싫어! 그만하라고!

음정이 틀리면 창피하니까 나름 조심조심 노래 부른 건데, 그걸 놀리다니 너무 화가 나!

화부터 내지 말고 진지하게 말하자

나에게는 엄청 신경 쓰이는 일인데 주위 사람은 내가 그렇게 신경 쓰고 있다고 생각하지 않을 때 다툼이 생기지.
하지만 듣기 불편하다고 해서 바로 화를 내면 상대방도 당황스러울 거야. "너는 장난이겠지만, 나는 신경이 쓰이니까 놀리지 않았으면 좋겠어."라고 진지하게 말하자.

서로 존중하자!
속마음을 전하는 방법

4장

바꿔 말하기 연습

진지한 태도로 차분하게 말하자!

진짜 진심인데,
노래를 잘 못해서 고민이야.
혹시 괜찮으면 같이 연습해 줄 수 있어?

진심으로 고민하고 있다는 것을 알리면서 상의를 하면 친구도 더 이상 놀리지 않을 거야.

나도 열심히 연습하는데 잘 안 된단 말이야.
그렇게 말하면 서운해.

상대방에게 나쁜 뜻이 없을수록 자신이 한 말이 상처가 된다는 것을 모를 수 있어. 서운한 마음을 말로 표현함으로써 상대방도 알게 하자.

알아 두기

때로는 참는 것도 중요하지만, 참는다고 꼭 좋은 인간관계가 유지되는 건 아니야.

5장

이럴 때는 어떻게 하지?

다툼을 피하는 말투

인간관계가 넓어지면 오해나 착각으로 인한 다툼이 더욱 늘어날 거야.
지금까지 배운 것을 복습하면서 올바른 말투로
다툼을 피하는 힘을 길러 보자.

선생님, 여기서는 뭘 배워요?

평소 사이좋게 지내는 친구끼리는 오해가 생겨도 차근차근 풀 수 있어. 하지만 앞으로 다양한 사람을 만나 많은 경험을 해 나가는 과정에서는 처음부터 갈등이나 다툼이 생길 만한 상황을 피하는 것이 좋겠지. 여러 상황에서 쓸 수 있는 바꿔 말하기 표현을 배워 보자.

지금까지 배운 바꿔 말하기를 잘 활용할 수 있을까? 마지막까지 열심히 해 보자고!

다툼을 만드는 말

온라인에서 하는 말은 오해를 불러일으키기 쉬워

글만으로는 느낌을 제대로 전하기 어려워

온라인으로 주고받는 대화는 글로만 이루어져. 그런데 짧은 글만으로 상대방에게 자신의 마음을 전하는 것은 사실 아주 어려운 일이야. 그런 의도가 아닐지라도 딱딱한 글은 차갑게, 이모티콘은 장난스러운 느낌으로 받아들여지기도 해. 특히 SNS에서는 짧은 말로 대화가 계속 이어지다 보니 한번 오해가 생기면 마음의 거리가 점점 더 벌어지게 되지.

이럴 때는 어떻게 하지?
다툼을 피하는 말투

5장

이런 말도 주의가 필요해!

**내일 준비 다 했어?
빠뜨린 거 없는지
잘 확인해!**

조금 강하게 주의를 주는 느낌을 줘. 마치 빠뜨린 것이 있기라도 한 듯 의심하는 것처럼 들려.

바꿔 말하니까 느낌이 완전 다르네!

바꿔 말해 보자!

**내일 준비 다 했어?
모르는 거 있으면 물어봐.**

친절하게 마무리하는 것만으로도 상대방을 배려하고 있다는 것을 전할 수 있어. 상대방을 직접 보면서 대화하는 상황이 아니라면 더욱더 친절한 말투가 중요해.

마음도 같이 전하자

얼굴을 보고 대화할 땐 웃으며 나눴을 이야기도 문자로 보면 보통 강한 부정이나 주의를 주는 것처럼 느껴질 수 있어. '부탁'이 '명령'으로, '만약을 위해 한 말'이 '주의를 주는 말'로 느낌이 바뀌는 거지.
같이 있으면 상대방의 상황을 알 수 있고 분위기상 어떤 의도로 말했는지 헤아릴 수 있어. 그러나 상대방이 눈앞에 없을 때는 평소보다 친절하게, 자신의 마음이 잘 전해질 수 있는 표현을 선택할 필요가 있어.

문자 메시지에 답장을 보냈더니 "화났어?"라고 물어 왔다

바꿔 말해 보자!

내일 친구와 같이 놀러 가기로 했어요. 확인 문자가 와서 "알고 있어."라고 답장을 보냈더니, 친구가 "화났어?"라고 물었어요.

> 알고 있어.

> 화났나?
> 내일 가기 싫은가?

즐거워하는 마음을 더하자!

> 나도 마침 연락하려던 참이었는데. 내일 기대된다!

> 확인 연락 줘서 고마워! 나야말로 내일이 기다려진다!

설명

답장을 빨리 보내야 한다는 생각에 '알았어.', 'ㅇㅋ.', '응.'과 같이 답을 짧게 하면 상대방은 확인하거나 질문하는 게 싫었다고 생각하기 쉬워. 상대방과 같은 마음이라는 것을 예의 있게 전하자.

이럴 때는 어떻게 하지?
다툼을 피하는 말투

5장

단체 대화방에서 대화 내용을 놓쳤다

바꿔 말해 보자!

단체 대화방을 확인하지 못한 사이에 대화가 쌓였어요. 무슨 내용인지 몰라 물어봤더니, 의견에 반대하는 거냐고 오해받았어요.

무슨 말이야?

뭐 맘에 안 드는 거 있어?

기다려 달라고 부탁하자!

미안! 잠깐만! 대화를 놓쳤는데 무슨 얘기 중이었는지 가르쳐 줄래?

대화를 놓쳐 버렸네. 나도 대화에 낄 수 있을까?

설명

단체 대화방에서는 '맞아, 맞아.', '알지!'처럼 맞장구를 치면서 대화가 이어지는 경우가 많아. 대화 도중에 끼거나 다른 의견을 말하고 싶을 때는 지금부터 대화에 참여할 거라는 것을 모두에게 알리자.

SNS에서 화제가 된 글에 댓글을 달았다가 오해받았다

바꿔 말해 보자!

팔로우하는 유명인이 결혼 소식을 전해 깜짝 놀랐어요. 기쁜 마음에 "믿을 수 없어!"라고 댓글을 달았는데 다른 팬이 오해했어요.

> 결혼을 한다니 믿을 수 없어!

> 너무해! 팬이라면 축하를 해 줘야지!

댓글을 달기 전에 다시 한번 읽어 보자!

> 결혼 소식을 듣다니, 제 일처럼 기뻐요! 오래오래 행복하세요!

> 결혼 축하해요! 믿기지 않을 만큼 기뻐요!

설명

SNS는 어떤 사람이 보고 있는지, 상대방이 어떤 상황인지 확실히 알 수 없어. 그렇기 때문에 글을 남기기 전에 이 글이 내 생각을 잘 전달할지, 상처받는 사람은 없는지 생각하면서 다시 읽어 보는 것이 중요해.

이럴 때는 어떻게 하지?
다툼을 피하는 말투

5장

온라인 게임을 하다가 친구에게 심한 말을 했다

바꿔 말해 보자!

비 때문에 친구와 밖에서 놀지 못해 대신 온라인 게임을 같이 했어요. 그런데 친구 실수로 지는 바람에 화가 나서 심한 말을 했어요.

> 멍청이! 제대로 좀 하라고!

그런 말까지 하다니….

다음에는 잘해 보자고 말하자!

아까워! 다음엔 우리 작전을 세우자!

너무 분해! 어떡하면 이길 수 있을까?

설명

팀플레이가 필요한 게임이나 스포츠를 하다 보면 생각대로 되지 않는 경우가 있지. 누구든 실수할 수 있어. 그러니 다음에 잘하도록 조언을 하거나 같이 대책을 세우는 방식으로 수준을 높이자.

다툼을 만드는 말

친구의 초대를 거절하고 싶을 때

**전부 다
좋다고
하지 않아도
괜찮아**

커 가면서 친구도 많아지고 지금까지 알지 못했던 세계와 일들을 마주할 기회도 늘어나게 될 거야. 그런 기회를 통해 상대방에게 영향을 받거나 자신을 알리는 일은 매우 중요하지.

그런데 상대방의 세계가 나의 세계와 완전히 일치하는 것은 아니야. 상대방이 나를 위해, 또는 재밌다며 초대를 해도 다 수락할 필요는 없어. 마음이 내키지 않거나 불안할 때는 거절해도 괜찮아.

이럴 때는 어떻게 하지?
다툼을 피하는 말투

5장

이런 말도 주의가 필요해!

그만둘래.
그럴 기분도 아니고!

그냥 거절하는 말만 해 버리면 상대방은 마음까지 거부한다고 받아들일 수 있어. 여기서도 이유를 설명하는 게 중요해.

초대해 준
친구의 마음도
배려하고 싶어.

바꿔
말해 보자!

미안!
낯선 곳에 갈 때는
부모님한테 여쭤봐야 해.

불안한 일이 있으면 혼자 약속을 정하거나 판단하지 말고 부모님이나 주변 어른들에게 상의하는 것이 좋아.

**서로의
사정을
배려하자**

무슨 일이든 다 좋다고 대답하는 것이 상대방의 기분을 존중하는 행동은 아니야. 상대방은 좋을 거라고 생각해서 한 일인데, 친구가 무리해서 수락했다는 것을 알게 되면 오히려 미안하겠지. 무리하지 말고 차분하게 자신의 마음과 사정을 상대방에게 전하자. 같이 놀 다른 방법은 없는지 함께 이야기하는 것도 좋아. 자신과 상대방 모두를 소중히 여기는 말이라면 최고겠지!

친구에게 "나 싫어하니?"라는 말을 들었다

바꿔 말해 보자!

수업 중 짝을 짓는데 한 친구가 같이 하자고 했어요. 이미 짝하기로 한 친구가 있어 거절했더니 내가 자기를 싫어한다고 오해했어요.

다른 친구랑 짝할 거야.

내가 싫나?

사정을 설명하자!

미안하지만, 벌써 다른 친구랑 짝하기로 했어.

아까 다른 친구랑 짝하기로 약속했어. 다음에 같이 하자!

설명

나에게는 꼭 그럴 만한 이유가 있을지라도 아무런 설명 없이 결론만 말하면 사정을 모르는 상대방은 '내가 싫어서 그런가?' 하고 부정적인 생각을 할 수 있어. 그러니 이유와 마음을 함께 말하자.

이럴 때는 어떻게 하지?
다툼을 피하는 말투

5장

자신이 없어서 거절했더니 건방지다는 말을 들었다

바꿔 말해 보자!

바둑 교실에서 실력이 뛰어난 선배가 한 수 가르쳐 준다고 했는데, 실력 차이가 너무 많이 나서 "아니요, 됐어요." 하고 거절했어요.

아니요, 됐어요.

뭐야, 건방지게!

상대방을 배려하는 말로 사양하자!

아직 부족한 점이 많아서요, 조금 더 연습한 뒤에 부탁드려도 될까요?

정말 감사한데요, 제가 설명해 주시는 걸 따라가지 못할 것 같아 걱정돼요….

설명

자신보다 실력이 월등히 뛰어난 사람이 호의를 베풀면 기쁘면서도 한편으로 걱정도 될 거야. 겸손한 마음은 좋지만, 무작정 거절하면 상대방에게 실례가 될 수 있으니 상대방을 존경하는 마음을 같이 전하자.

모두 신나서 들떠 있는데
나는 내키지 않아 빠진다고 했다

바꿔 말해 보자!

공원에 쌓인 눈을 보자 친구들이 눈싸움을 하자고 했어요. 옷 젖는 게 싫어서 안 한다고 했다가 분위기 깬다는 말을 들었어요.

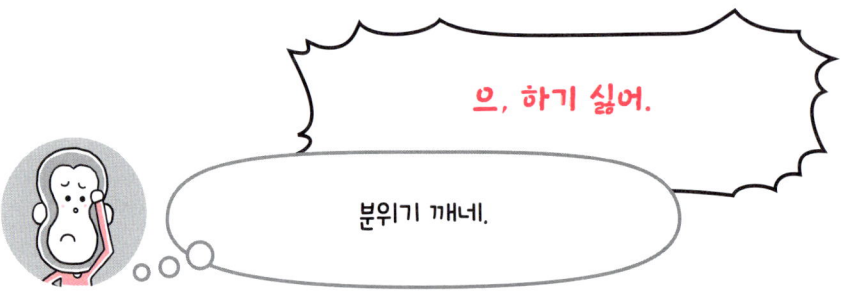

으, 하기 싫어.

분위기 깨네.

이유를 말하자!

나도 하고 싶긴 한데, 젖으면 감기에 걸릴 것 같아서 이번엔 빠질게.

재밌을 것 같은데, 젖으면 안 되는 옷이라서. 오늘만 빼 줘!

설명

모두가 들떠 있을 때, 나만 혼자서 안 하겠다고 말하는 것은 어렵지. 먼저 상대방의 제안에 공감을 표현한 뒤 거절을 하면 상대방의 마음이 조금 누그러질 거야.

이럴 때는 어떻게 하지?
다툼을 피하는 말투

5장

하면 안 되는 일 같아서
"절대로 안 해!" 하고 거절했다

바꿔 말해 보자!

친한 친구가 숙제를 보여 달라고 했어요. 선생님이 오늘 숙제는 자기 힘으로 해 오라고 하셨기 때문에 "절대 안 돼!" 하고 거절했어요.

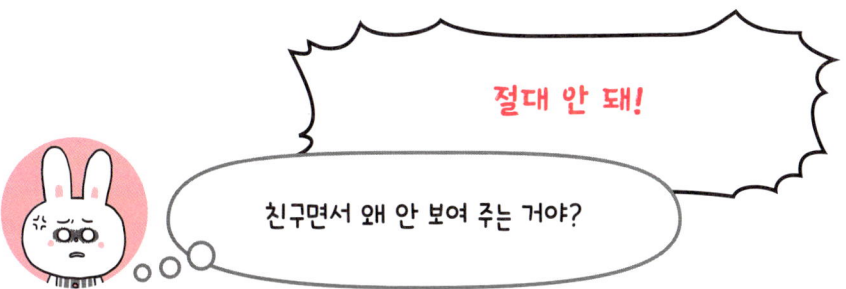

절대 안 돼!

친구면서 왜 안 보여 주는 거야?

안 되는 이유를 확인시켜 주자!

마음 같아서는 보여 주고 싶은데 오늘 숙제는 스스로 해 가야 하는 거잖아.

선생님이 오늘 숙제는 자기 힘으로 해 오라고 말씀하시지 않았어?

설명

친한 친구의 부탁이라도 안 된다거나 잘못된 것이라고 생각되는 게 있을 거야. 그럴 때는 우선 규칙을 확인시켜 주자. "앗, 깜빡했다!", "역시 안 되겠지." 등 상대방도 납득하기 쉬워질 거야.

다툼을 만드는 말

모두 의견이 달라서 결론이 나지 않는다

의견이 다 다를 수 있어

둘이서 얘기할 때는 서로의 의견을 차근히 듣지만, 세 명 이상 모였을 때는 무슨 결정을 하려고 해도 좀처럼 의견을 모으기가 쉽지 않아.

졸업식에서 부를 노래를 정해야 하는데, 준비 위원들이 저마다 음악 취향이 다른 모양이야. 회의에서 다들 자기 의견만 말할 뿐 상대방의 의견은 듣지 않으니 결론이 나지 않았어. 모두의 의견을 모아 결정하려면 어떻게 해야 할까?

5장 이럴 때는 어떻게 하지? 다툼을 피하는 말투

이런 말도 주의가 필요해!

아잇! 이러면 정할 수가 없잖아!

짜증을 내면 오히려 역효과가 나게 돼. 내가 한 말로 모임 분위기를 망치면 안 되겠지.

서로 기분 좋게 이야기하기 위해서는 좋은 분위기를 만드는 것도 중요해.

바꿔 말해 보자!

한 사람씩 의견을 말하고 다 끝나면 그때 의견을 맞춰 보자.

의견이 모아지지 않을 때는 상황이나 의견을 정리하자. 회의 주제를 다 같이 다시 한번 짚고 넘어가면 목적에 맞는 의견을 모을 수 있을 거야.

회의는 이기고 지는 문제가 아니야

자기 의견을 말하는 것은 매우 중요해. 하지만 다른 사람의 의견을 부정하거나 회의 주제에서 벗어난 이야기를 하면 의견을 모으기가 힘들어.

회의는 이기고 지는 문제가 아니라 모두가 협력하여 결론을 내는 것이 목적이야. 처음에 저마다 자신의 의견을 내는 것에서 시작해 의견을 모아 가는 게 좋아. 종이나 칠판에 의견을 적어 놓고, 의견마다 그 의견이 좋은 이유를 정리해 보면 공통점이 보일 거야.

반장을 뽑아야 하는데 후보자가 없다

바꿔 말해 보자!

탐구 학습반의 반장을 뽑아야 해서 회의를 했어요. 그런데 모두 반장을 하고 싶지 않은지 서로 눈치만 살폈어요.

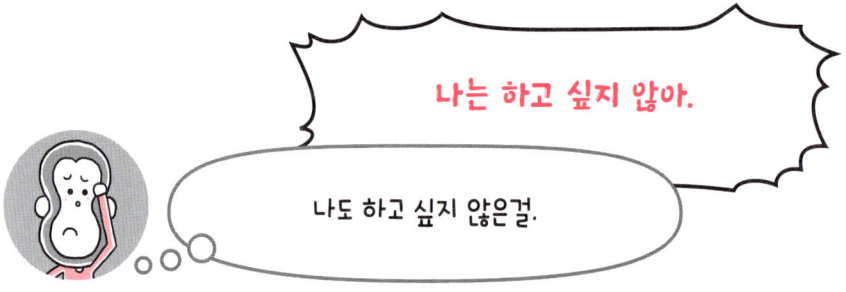

나는 하고 싶지 않아.

나도 하고 싶지 않은걸.

협력을 구하자!

나도 뭔가를 도맡아서 하는 건 잘 못해. 우리 반장이 정해지면 모두가 협력해서 잘 도와주기로 하자.

반장이 모든 일을 다 하지 않게 역할을 나누자.

설명

반장에게 모든 일을 다 맡기려고 하는 태도는 옳지 않아. 회원 모두 책임을 분담하고 각자 맡은 역할을 충실히 함으로써 반장을 돕는 것이 중요해. 어떻게 하면 후보자가 편한 마음으로 나설 수 있을지 생각해 보자.

이럴 때는 어떻게 하지?
다툼을 피하는 말투

5장

다 함께 놀 날을 정해야 하는데 좀처럼 일정을 맞추기 힘들다

바꿔 말해 보자!

여름방학에 친구들과 자연 공원으로 놀러 가기로 했는데, 저마다 일이 있어서 언제가 좋을지 날짜를 결정하지 못하고 있어요.

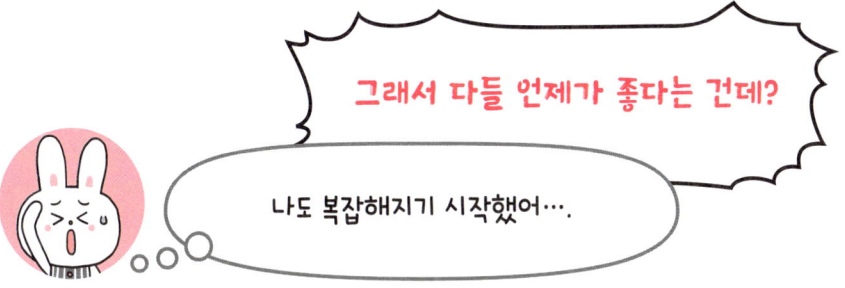

그래서 다들 언제가 좋다는 건데?

나도 복잡해지기 시작했어….

각자의 계획을 공유하자!

아무리 해도 시간이 안 맞으면 여름 방학 끝나고 시간 맞는 휴일로 하자!

다들 시간 되는 날이 언제인지 말해 보고 그중에서 모두가 괜찮은 날을 찾아보자.

설명

저마다 다른 의견을 말하기 시작하면 점점 더 복잡해져. 그럴 때는 날짜를 전부 써 놓고 모든 사람이 한눈에 확인할 수 있도록 하자. 그래도 의견이 모아지지 않을 때는 다른 방법을 생각해 보는 것도 좋아.

역할 분담이 제대로 이루어지지 않는다

바꿔 말해 보자!

학예회 때 할 연극 배역을 정해야 하는데, 인기가 있는 역할과 그렇지 않은 역할이 있어서 필요한 배역을 정하지 못하고 있어요.

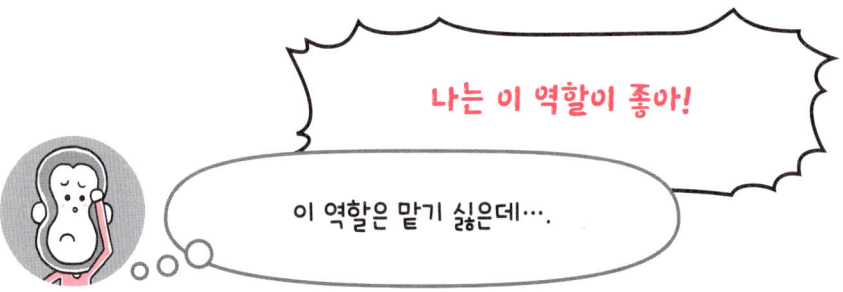

나는 이 역할이 좋아!

이 역할은 맡기 싫은데….

희망 사항을 잘 맞추자!

인기 있는 역할은 하고 싶은 애들끼리 오디션을 보면 어떨까?

각자 하고 싶은 역할을 1위부터 3위까지 적고 희망자가 많은 역할은 제비뽑기로 정하자.

설명

좋고 나쁜 역할은 없어. 모두 다 중요하지. 모두가 역할을 맡아야 할 때는 공평하게 고를 수 있는 방법을 생각하자. 이때 모두가 받아들일 수 있는 방법이어야 하고, 결과에 불평하지 않는 것이 중요해.

이럴 때는 어떻게 하지? 다툼을 피하는 말투

5장

가장 좋은 아이디어는 어떻게 고르면 좋을까?

바꿔 말해 보자!

학급에서 가꾸는 꽃밭에 무슨 꽃을 심을지 다 함께 생각해 보기로 했어요. 많은 의견이 나와 무엇으로 해야 할지 정하지 못하겠어요.

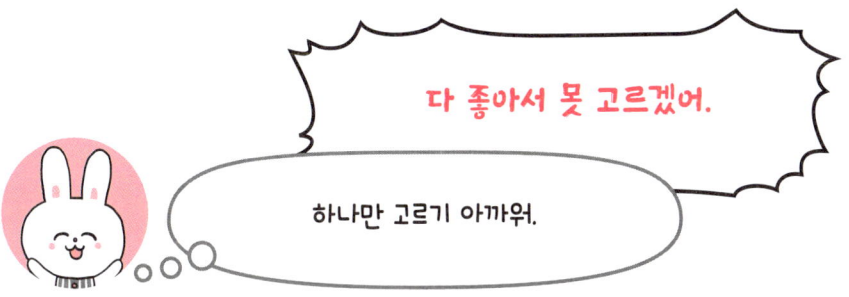

다 좋아서 못 고르겠어.

하나만 고르기 아까워.

가장 많은 사람이 선택한 것을 고르자!

비슷한 아이디어는 정리해서 서로 좋은 점을 수용할 수 있을지 의논해 보자.

각자 가장 좋다고 생각하는 것을 골라 투표로 정하자.

설명

'사람'을 정할 때는 강요하면 안 되고, '할 일'을 정할 때는 많은 사람이 납득할 수 있는 방법으로 정해야 해. 무엇이든 누구 한 사람이 정하는 것이 아니라 다 같이 받아들일 수 있는 방법을 생각하자.

다툼을 만드는 말

어른과 대화할 때 주의할 점은?

어린아이 같은 말투를 졸업하자

다양한 바꿔 말하기 표현을 익히면서 상대방의 입장을 배려하고 그때그때 상황을 이해할 수 있게 되었을 거야. 하지만 아직도 가족이나 친척, 가까운 어른들께는 지금껏 쓰던 말투를 그대로 쓰고 있을지도 몰라. 어른 앞에서는 언제나 어린아이처럼 보이겠지만, 이제 앞으로 중학생, 고등학생이 되면 차츰차츰 나이와 상황에 맞는 말투와 행동이 필요하게 돼. 이때 무엇이 중요한지 살펴보기로 하자.

이럴 때는 어떻게 하지?
다툼을 피하는 말투

5장

이런 말도 주의가 필요해!

스마트폰 갖고 싶어. 사 줘!

자신의 요구를 강요할 뿐, 왜 필요한지 이유를 알 수 없으니 아무것도 전달되지 않아.

학원 끝났을 때 스마트폰이 있으면 좋을 텐데 뭐라고 말하지?

바꿔 말해 보자!

가끔 학원이 일찍 끝나는데 밖에서 혼자 기다리기 무서워요. 스마트폰이 있으면 안심이 될 것 같아요.

지금까지와 다른 사정이나 필요한 이유를 정확히 전달해서 부모님이 내 요구를 다시 한 번 생각해 보게 하자.

필요한 정보를 상대방에게 전하자

지금은 말로 잘 표현하지 못해도 어른들이 느긋하게 얘기를 들어 주고 무슨 말을 하고픈 건지 같이 생각해 줄 거야. 그러나 어른이 되면 자신이 무엇을 하고 싶은지, 어떻게 생각하는지 스스로 표현할 줄 알아야 해.
'언제, 어디서, 누가, 무엇을, 어떻게, 왜'와 같이 육하원칙에 맞춰 이야기할 수 있도록 연습하자. 필요한 정보를 전하면 의사소통이 원활해져.

용돈을 더 달라고 했다가 거절당했다

바꿔 말해 보자!

전학 가는 친구에게 줄 선물을 사기 위해 친구들끼리 돈을 모으기로 했어요. 용돈을 더 달라고 했더니 엄마가 안 된다고 했어요.

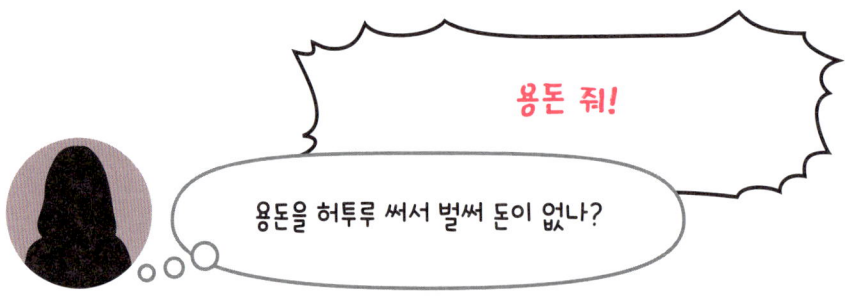

용돈 줘!

용돈을 허투루 써서 벌써 돈이 없나?

용돈이 더 필요한 이유를 설명하자!

선물 살 돈을 친구들과 나눠 내기로 했어요. 제가 내기로 한 액수만큼만 더 주시면 안 돼요?

실은 전학 가는 친구한테 줄 선물을 다 같이 돈을 모아서 사기로 했어요. 용돈 조금만 더 주세요.

설명

용돈이 더 필요한 분명한 이유가 있잖아. 그 이유를 먼저 스스로 이해하고 상대방에게 전하는 것이 설득이고 설명이야. 부모 자식 사이라도 모든 걸 다 알고 있는 것은 아니니까 제대로 설명하는 것이 중요해.

이럴 때는 어떻게 하지?
다툼을 피하는 말투

5장

생각했던 것과 달라 실례되는 반응을 했다

바꿔 말해 보자!

휴일에 아빠가 갈비찜을 먹으러 가자고 하셨어요. 당연히 늘 먹는 소갈비찜인 줄 알았는데 돼지갈비찜이라 깜짝 놀랐어요!

어? 돼지갈비찜이었어요?
소갈비찜인 줄 알았는데!

아빠가 좋아하는 식당인데!
식당 사장님한테도 실례잖아!

'뜻밖이라 놀란 마음'을 전하자!

맞네!
갈비찜에도
여러 종류가 있었지!

갈비찜이라고 해서
소갈비찜이라고
생각했는데
돼지갈비찜이었구나!

설명

같은 말을 들어도 상대방과 자신이 생각한 것이 완전히 다를 때가 있어. 이건 어느 한쪽의 잘못이 아니고, 서로 자기가 생각하고 싶은 것만 생각해서 그런 거야. 실망한 게 아니라 뜻밖이라 놀란 것이었음을 전하자.

친구네 가족과 약속한 계획을 바꾸고 싶지만 말하기 어렵다

바꿔 말해 보자!

해마다 여름 방학이 되면 친구네 가족들과 바다에 가요. 그런데 올해는 박물관에 가고 싶은데 반대하면 안 될까요?

바다는 이제 지겨워.

버릇없이!

내가 원하는 것을 설명하자!

바다도 좋지만, 올해는 다른 곳에 가 보고 싶어요. 저는 박물관이 좋은데, 어떠세요?

박물관에 가 보고 싶은데 같이 가면 어때요?

설명  나를 위해 계획해 둔 일에 반대하기는 힘들지. 하지만 사람은 여러 분야에 호기심이 생기기도 하고 갑자기 취향이 바뀌기도 해. 상대방의 기분을 배려하면서 '자신의 생각'을 전해 보자.

이럴 때는 어떻게 하지?
다툼을 피하는 말투

5장

가족들의 따뜻함에 고맙다고 말하고 싶지만 쑥스럽다

바꿔 말해 보자!

다쳐서 병원에 입원하게 되었어요. 날마다 병문안을 와 주는 가족들에게 고맙다는 인사를 하고 싶지만 쑥스러워요.

음….

어디 불편한가?

내 마음을 표현하자!

가족들 덕분에 편안하게 치료받고 있어요. 앞으로도 치료 잘 받을게요.

가족들이 저를 얼마나 아끼는지 알게 됐어요. 고마워요.

설명

감사한 마음은 말로 표현하지 않으면 전하기 어려워. 말로 표현할 때 말하는 사람도 듣는 사람도 행복한 마음이 된단다. 말하기 힘들 때는 3장에서 배운 것처럼 칭찬할 점을 찾아서 전하는 것도 좋아!

다툼을 만드는 말

하지 말아야 할 말을 해 버렸는데 어떡하지?

사이가 좋을수록 다툼도 많아져

자기 의견이 생기게 되면, 친구와 얘기를 하거나 함께 무언가를 할 때 작은 의견 차이로 다툼이 생기기도 해. 말할 생각이 아니었는데 그만 말이 나와 버리면 예전보다 더 많이 고민하고, '말하지 말걸.' 하고 후회하는 일도 점점 늘어날지 몰라.

그럴 때 미안한 마음을 알맞은 표현으로 상대방에게 전하면 다시 사이가 좋아질 수 있어.

5장 이럴 때는 어떻게 하지? 다툼을 피하는 말투

이런 말도 주의가 필요해!

고집불통이라니까! 다신 같이 안 놀아!

싸우고 나서 말을 안 하면 화해할 기회도 없어지고 말아.

설명이 부족했다는 걸 스스로 깨닫기 어렵지. 이때가 좋은 말투를 익힐 기회야.

바꿔 말해 보자!

내가 설명을 제대로 못해서 이해하기 어려웠을 수 있는데, 내가 하고 싶었던 말은 이거야.

내가 한 말을 알아주지 않는다고 느낀 것은 상대방과 내가 다르게 받아들였기 때문일 수 있어. 친절하게 다시 설명하면서 마음을 제대로 전할 수 있는 방법을 생각해 보자.

실수했을 때는 잘못을 인정하고 다시 말하자

말은 '양날의 검'이야. 도움이 되기도 하지만, 때론 해가 되기도 한다는 의미지.

나이가 들수록 나의 말이나 의견이 여러 사람에게 영향을 미치게 돼. 조심한다고 해도 때로는 실수했다는 생각에 후회하는 일도 생길 거야. 그럴 때는 우선 자신의 실수를 인정하고 사과하자. 그리고 어떻게 말하면 오해 없이 내 마음을 전할 수 있을지 생각해 봐. 그러면 내 마음이 반드시 제대로 전해질 거야.

선을 넘는 말을 해 버렸을 땐 어떻게 하면 좋을까?

바꿔 말해 보자!

원숭이와 토끼는 사소한 말다툼이 커져 서로 아예 말도 안 해요. 둘 다 후회하고 있지만 어떻게 해야 할지 모르고 있어요.

(사과해야 하는데….)

(용서해 주지 않을지도 몰라….)

말에 책임을 갖자!

그렇게 말한 건 내 잘못이야. 미안해. 우리 다시 사이좋게 지낼까?

나야말로 화가 나서 너무 심한 말을 했어. 정말 미안해. 다시 사이좋게 지내자.

설명

내가 한 말에는 책임을 져야 해. 잘못 말했으면 인정하고, 진심이 아니었다면 무엇이 진심이었는지 설명하자. 아예 없었던 일이 되지는 않지만, 좋은 말투로 이야기하면 다시 사이좋게 지낼 수 있어.

이럴 때는 어떻게 하지?
다툼을 피하는 말투

5장

마지막으로 선생님의 한마디

이 책에서 배운 표현들은 앞으로 너의 소중한 자산이 될 거야. 상대방을 배려하고 자신을 소중히 여기며 여러 사람과 소통하길 바랄게. 다양한 사람들과 멋진 인간관계를 키워 나가렴.

가족과 친구는 물론이고 앞으로 만나게 될 사람들과 좋은 관계를 이어 가고 싶어!

예의 있고 똑 부러지는 말투 쓰기

ⓒ 사이토 다카시, 2023

펴낸날 1판 1쇄 2024년 6월 7일 1판 2쇄 2025년 2월 8일
글 사이토 다카시 **옮김** 양선하
펴낸이 문상수 **펴낸곳** 국민서관㈜ **출판등록** 제406-1997-000003호
본부장 목선철 **편집** 고은비, 금혜린, 한가원 **디자인** 이성호, 박성은
마케팅 조병준, 홍효정, 조수빈 **제작** 윤여동
주소 (10881) 경기도 파주시 광인사길 63 국민서관㈜
전화 070)4330-7836 **팩스** 070)4850-9062
인스타그램 @kookminbooks **페이스북** http://www.facebook.com/kookminbooks
카페 http://cafe.naver.com/kmbooks **포스트** http://post.naver.com/kookminbooks
ISBN 978-89-11-13127-3 73790 **값** 15,000원

* 잘못된 책은 구입하신 곳에서 바꿔 드립니다.
* 이 책의 일부를 재사용하려면 반드시 국민서관㈜의 동의를 얻어야 합니다.

12SAI MADENI SHITTE OKITAI IIKAE ZUKAN
by SAITO Takashi
Copyright © 2023 SAITO Takashi
Illustrations Mori no Kujira
All rights reserved.
Originally published in Japan by JMA MANAGEMENT CENTER Inc., Tokyo.
Korean translation rights in Korea arranged with JMA MANAGEMENT CENTER Inc., Tokyo.
through THE SAKAI AGENCY and ENTERS KOREA CO., LTD.

이 책의 한국어판 저작권은 ㈜엔터스코리아를 통해 저작권자와 독점 계약한 국민서관㈜에 있습니다.
저작권법에 의하여 한국 내에서 보호를 받는 저작물이므로 무단전재와 무단복제를 금합니다.